Ein Paradies für Feinschmecker

ist das »Musterländle« im Südwesten Deutschlands. Ein reichhaltiges Gemüseangebot, Fische aus dem Bodensee, Wild und Pilze aus den ausgedehnten Wäldern und nicht zuletzt der trocken-fruchtige Wein von sonnenverwöhnten Rebhängen – das alles sind die »Zutaten« einer traditionsbewußten Eßkultur, die ihren französischen und schweizerischen Einfluß nicht verleugnet. Im Badischen versteht man, genußvoll zu leben. Genießen Sie mit!

Die Farbfotos gestalteten Odette Teubner und Dorothee Gödert.

INHALT

4 **Essen und Trinken in Baden**

4 Schinken, Speck und Bollenhut
4 Von der Markgrafschaft zum Musterländle
4 Baden – ein kulinarischer Streifzug
6 Schwäbisch-Alemannische Fasnacht
6 Hockede, Besenwirtschaften und Winzerfeste
7 Badisches Küchenlexikon

8 **Vorspeisen und kleine Gerichte**

8 Sonnewirbelesalat mit Kracherle
8 Rahnensalat
10 Bettseicherlesalat mit Speck
10 Briesle in Weißwein
12 Bibeliskäs
12 Flammkuchen
14 Kartoffelsupp
14 Spargelcremesupp
16 Grünkernsupp mit Markklößle
16 Brennti Mehlsupp
18 Zwiebelkuchen
20 Saure Leberle
20 Saure Sulz

22 **Hauptgerichte und was dazu paßt**

22 Forelle blau
22 Hechtklößchen in Weinsauce
24 Zanderfilet mit Shrimps
24 Eglifilets in Mandelbutter
26 Spargel mit Schinken
26 Kratzete
28 Strübli
29 Flädle
30 Ochsenfleisch mit Meerrettichkartoffeln
32 Gfüllti Kalbsbrust
34 Schäufele mit Kartoffelsalat
36 Schlachtplatte mit Kraut
36 Brägele
38 Fleischküchle
38 Krautspätzle
40 Aufzogene Blättle
40 Kartoffelküchle
42 Fasan mit glasierten Maronen
44 Martinsgans mit Rosenkohl
46 Rehrücken
46 Knöpfle

48 **Zum Schluß was Süßes**

48 Tannenhonigparfait mit Kirschen
48 Chaudeau
50 Pfittele
50 Scherben
52 Äpfelküchle
52 Zwetschgenwaihe

54 Kirschenplotzer mit Vanillesauce
56 Bierewecke
58 Basler Schenkeli
58 Linzertorte
60 Schwarzwälder Kirschtorte

62 **Rezept- und Sachregister**

Schinken, Speck und Bollenhut

Wer vom Musterländle Baden spricht, denkt an Schwarzwälder Schinken, Kirschwasser und Kuckucksuhren. An Häuser mit tiefgezogenen Dächern, die alles zu behüten scheinen, an ausgedehnte dunkle Wälder und weite Rebflächen. Vielleicht auch an hübsche Mädchen in bunten Trachten mit Bollenhut und an alemannisch-bedächtiges Fasnachtstreiben dämonisch anmutender Narren. Nur Klischees? Mehr als das: einige der vielen bunten Facetten eines reizvollen Landstriches, der aus dem Füllhorn der Natur überreich beschenkt wurde. Und so facettenreich wie die Landschaft, so kunterbunt ist auch das »Völkchen«, das sich hier tummelt, sind die Sitten und Gebräuche. Ein genauerer Blick lohnt sich – geschichtlich, kulturell und natürlich kulinarisch.

Von der Markgrafschaft zum Musterländle

Es würde zu weit führen, mit der Geschichte Badens schon bei den Römern zu beginnen, obwohl diese sich hier nachweislich sehr wohl gefühlt haben. Und auch in der weiteren Geschichte spielte Baden eine nicht unbedeutende Rolle: So war beispielsweise Baden-Baden im 19. Jahrhundert eine Art europäisches Mekka: Hier trafen sich im Sommer die hohen Herren und die feinen Damen der Gesellschaft. Hier wurde gefeiert und diskutiert, gebadet und Politik gemacht. Und natürlich geschlemmt. Dies alles nahm mit dem Ersten Weltkrieg ein jähes Ende. Die befreundeten Franzosen waren auf einmal Feinde und dann Besatzungsmacht.
Doch zuvor gibt es noch einige erwähnenswerte Stationen. Das Land Baden entstand aus dem ehemaligen Besitz der Zähringer, einem alemannischen Fürstengeschlecht. Seit dem 12. Jahrhundert führten sie den Markgrafentitel und gründeten den badischen Territorialstaat. Im 19. Jahrhundert wurde Baden erst Kurfürstentum, dann Großherzogtum. Seine Verfassung (1818) machte es zum liberalsten Staat und damit zum Musterland Deutschlands. Das Musterländle ist es für seine Einwohner bis heute geblieben, auch wenn es 1951 per Volksabstimmung mit Württemberg »zwangsverbündet« wurde. Das heißt, Baden gibt es als eigenständiges Land heute nicht mehr, wohl aber als Sprach- und Kulturraum.

Baden – ein kulinarischer Streifzug

Will man Baden kulinarisch gerecht werden, muß man wieder einen Blick in die Geschichte tun und seine geographische Lage berücksichtigen: Die badische Küche war über Jahrhunderte den vielfältigsten Einflüssen ausgesetzt. An erster Stelle ist hier die Nähe

Die abwechslungsreiche Landschaft Badens lädt nicht nur zu ausgedehnten Wanderungen ein, hier verströmen Pilze und Beeren einen Wald- und Wiesenduft und locken zu kulinarischen Genüssen.

Im nördlichen Baden wird zarter Spargel angebaut, der als das feinste aller Gemüse gilt.

Frankreichs zu nennen. Aber auch die Schweiz und Österreich haben die badische Küche nachhaltig geprägt. Und die klimatischen Verhältnisse haben ein übriges getan, denn klimatisch gesehen ist Baden ein Land der Extreme: Es umfaßt die wärmsten und trockensten Gebiete Deutschlands ebenso wie die kältesten und feuchtesten. Dies wiederum hat Auswirkungen auf die Landwirtschaft und die Küche. Im Schwarzwald beispielsweise ist eine eher bodenständige Küche zu Hause. Die Zutaten, die früher meist aus eigener »Produktion« stammten, sind einfach: Gemüse aus dem Garten, Eier von den Hühnern, Schinken aus eigener Schlachtung. Bei dieser Form der Selbstversorgung war es wichtig, daß die Lebensmittel haltbar waren oder haltbar gemacht werden konnten. Der Schinken und die Würste wurden geräuchert, das Kraut in großen Standen eingelegt. Aus der Milch machte man Käse. Früchte wurden getrocknet oder auch zu unwiderstehlich feinen Obstbränden destilliert. (Einer davon ist das legendäre Zibärtle, ein fruchtiger Zwetschgenschnaps.) Und was nicht angebaut werden konnte, holte man sich aus der Natur: Die Bienen sorgten für dunklen herb-süßen Tannenhonig. Im Wald waren Pilze und Beeren zu finden. Und ab und zu gab es auch ein Reh oder einen Hasen. In den Bächen tummelten sich die Forellen, hin und wieder konnte man sogar einen Lachs sehen. Aus dem Bodensee kamen die Felchen, Zander und Eglis (Kretzer, Bodenseebarsch). Vieles ist heute noch so, denn Tradition ist den Badenern wichtig, wenn sich auch die Lebensumstände geändert haben.

Und auch die anderen Regionen Badens haben ihre Besonderheiten: Das Markgräfler Land ist zunächst einmal wegen des Weinanbaus zu erwähnen. Großherzog Karl Friedrich brachte von seinem Aufenthalt in Lausanne die Chasselas-Traube mit, aus der sein Lieblingswein, der Fendant, gekeltert wurde. Aus dieser Traube wird in Baden der trocken-fruchtige Gutedel gewonnen. Und dann gibt es im Markgräfler Land noch die wilden Fasane: ob gefüllt oder ungefüllt gebraten und auf saftigem Weinsauerkraut serviert – sie sind eine Delikatesse.

Das Breisgau mit dem Kaiserstuhl beeindruckt durch die Vielfalt der Landschaft. Hier scheint der Reichtum der Natur versammelt: steile Rebhänge, tiefe Wälder, hohe Berge, klare Flüsse, weite Obstwiesen und blaue Seen. Entsprechend liest sich die Speisekarte: feine Fisch- und Wildgerichte, deftige Vesper und edle Weine – so läßt es sich aushalten.

Nördlich des Kaiserstuhls beginnt die liebliche Ortenau. Hier gedeihen Meerrettich und Zwetschgen, Kürbis und Sonnenblumen und vor allem Wein. Dann kommt Nordbaden mit seiner Industriestadt Mannheim. Hier, in der oberrheinischen Tiefebene, wo lehmige Sandböden vorherrschen

und die Sonne kräftig scheint, gedeihen die zarten weißen Spargelstangen, auf deren Ernte die Feinschmecker alljährlich sehnsüchtig warten. Im nördlichen Baden wird auch wieder vermehrt Dinkel angebaut. Früher war Dinkel hier weit verbreitet, wurde dann aber durch die anderen Getreidesorten mehr und mehr verdrängt. Die Vollwertküche hat den Dinkel und vor allem den Grünkern wieder entdeckt. Grünkern ist die schmackhafte Grundsubstanz für Grünkernsuppe mit Markklößchen oder Grünkernküchle. Und die badischen Hausfrauen schwören auf feingemahlenes Dinkelmehl bei der Herstellung von Spätzle oder Springerle.
Fehlt eigentlich nur noch die Bodenseeregion im Reigen der Landschaften Badens. Hier werden in den malerischen Städtchen und Dörfern vor allem Fische aus dem See angeboten. Neben Felchen und Zander gibt es vor allem den Egli – ein Bodenseebarsch, der bei Meersburg Kretzer genannt wird –, den Feinschmecker zu schätzen wissen. Dazu gibt es ein feines Tröpfchen aus der Birnauer oder Meersburger Gegend. Und natürlich knackfrisches Gemüse von der Garteninsel Reichenau. Und zum Nachtisch vielleicht einen saftigen Bodenseeapfel.
So verschieden die Landschaften und die regionalen Besonderheiten ihrer Küchen sind, es gibt doch eine gemeinsame Klammer, die nicht unerwähnt bleiben sollte. Gemeint ist damit die Eigenart der Badener, ein z'Nüni oder ein z'Vieri zu sich zu nehmen. Das ist ein zünftiges Vesper, beispielsweise ein Brett mit Käse, Speck und Bauernbrot, und dazu vielleicht ein Gläschen Wein oder Kirsch. Das kann aber auch ein Teller saure Sülz (Kutteln) oder saure Leberle mit Brot sein, eine deftige Kartoffelsuppe oder ein Stück saftiger Zwiebelkuchen.

Schwäbisch-Alemannische Fasnacht

Auch dies ist eine Klammer, denn die schwäbisch-alemannische Fasnacht hat nichts zu tun mit den konfettischleudernden Frohnaturen des rheinischen Karnevals. Es geht eher bedächtig bis unheimlich zu. Bemerkenswert sind die wunderschön geschnitzten Holzmasken. Die einen schauen freundlich-naiv, die anderen haben furchterregende Dämonenfratzen. Mit ihnen und mit den bunten, phantasievollen Kostümen (im Dialekt Häs genannt), mit Ratschen und Radau sollen die bösen Geister des Winters vertrieben werden. Das ist eine ernstzunehmende Aufgabe, und deshalb sind die Narren auch die ganze Fasnacht unermüdlich im Einsatz. Es ist sozusagen die fünfte Jahreszeit in Baden, die auch ihre ganz eigenen kulinarischen Genüsse hat. Die Fasnacht wäre nichts ohne schmalzgebackene Küchle, ohne Scherben, Fasnachtsküchle oder -krapfen. Und wenn die närrischen Tage vorbei sind, gibt es abgeschmelzten Stockfisch mit Sauerkraut und Salzkartoffeln.

Aufgesteckte Reisigbündel zeigen an, daß die Straußenwirtschaft geöffnet hat: zu einem Viertel Wein und einer kleinen Vesper.

Hockede, Besenwirtschaften und Winzerfeste

Wo Wein wächst, da wird auch tüchtig gefeiert. Deshalb gibt es in Baden zu vielen Gelegenheiten eine Hockede. Hier trifft man sich bei einem Viertel Wein, einem Stück Zwiebel- oder Flammkuchen, Bibeliskäs oder anderen feinen Kleinigkeiten. Eine Hockede findet im Freien statt, das heißt vorwiegend im Sommer. Überhaupt ist im Sommer Hochzeit, denn dann haben auch die

Besenwirtschaften geöffnet. Dies geschieht meist nur wenige Wochen im Jahr. Die Winzer schenken ihren »alten« Wein aus, um Platz für den neuen zu schaffen. Dazu servieren sie kleine, meist kalte Vespergerichte. Ob eine Besen- oder Straußenwirtschaft geöffnet hat, erkennt man am aufgesteckten Besen oder Reisigbündel.
Bei einem Besuch in Baden sollten Sie in keinem Fall die Weinfeste versäumen, die meist im Spätsommer stattfinden. Sie können die Weine der Region verkosten und dazu so manches Schmankerl genießen. Versuchen Sie unbedingt einmal ein Stück von dem herrlichen gerührten Hefe-Gugelhupf zum Wein! Das ist einfach ein Gedicht. Sehr zu empfehlen ist außerdem zur Zeit der Walnußernte ein dick mit Butter bestrichenes und mit frischen Schälnüssen belegtes Bauernbrot. Dieses Nußbrot ist, bei einem Viertel Wein genossen, eine einfache, aber raffinierte Delikatesse.
Dieser und noch tausend andere Gründe sprechen dafür, sich mit dem Musterländle etwas näher zu befassen, und sei es zunächst »nur« kulinarisch.

Badisches Küchenlexikon

aufzogene Blättle	Kartoffelgratin
Baseler Schenkeli	fettgebackene Küchlein
Bettseicherle	Löwenzahn
Bibeliskäs	mit Kräutern angemachter Quark
Bierewecke	Früchtebrot
Brägele	Bratkartoffeln
Dinni	siehe Flammkuchen
Flädle	dünne Pfannkuchen, in feine Streifen geschnitten als Suppeneinlage, mit Hackfleisch oder Brät gefüllt als Hauptgericht, als Beilage zu Spargel
Flammkuchen	dünne Fladen, mit Zwiebeln, Speck und Sauerrahm belegt
Hockede	Weinfest
Kirschenplotzer	Auflauf aus Brötchen, Kirschen, Eiern und Wein, der mit Vanillesauce gegessen wird
Knöpfle	wie Spätzle, Eierteigwaren
Kracherle	geröstete Brotwürfel
Kratzete	ähnlich wie Kaiserschmarrn, Pfannkuchen, der mit zwei Gabeln in Stücke gerissen wird. Er wird zu Spargel gegessen, aber auch süß mit Zimt-Zucker bestreut zu Kompott oder Apfelmus
Pfittele	fettgebackenes Gebäck, wird zu Chaudeau gegessen
Rahnen	rote Bete
Schäufele	Schulterstück vom Schwein mit Knochen, gepökelt und geräuchert
Scherben	fettgebackenes Fasnachtsgebäck
Schlachtplatte	im Kraut gekochter Schweinebauch und -speck, Blut- und Leberwürste
Sonnewirbele	Feldsalat
Strübli	fettgebackene Beilage zu Spargel oder Kartoffelsuppe
Sülz/Sulz	Kutteln
Waihen	flache Obstkuchen
Weckle	Semmel, Brötchen, Schrippe
Zibärtle	Zwetschgenschnaps

Sonnewirbelesalat mit Kracherle

Hinter der phantasievollen Bezeichnung verbirgt sich ein Gericht, das Sie sicher unter anderem Namen kennen: Es handelt sich um Feldsalat in einer würzigen Vinaigrette mit knusprig gerösteten Brotwürfelchen.

Zutaten für 4 Personen:
200 g Feldsalat
1 Schalotte
1 Knoblauchzehe
1 Teel. Zucker
2 Eßl. Rotweinessig
Salz
schwarzer Pfeffer, frisch gemahlen
3 Eßl. Öl
2 Scheiben Vollkorntoast
1 Eßl. Butter

Gelingt leicht · Preiswert

Pro Portion etwa:
550 kJ/130 kcal
2 g Eiweiß · 10 g Fett
8 g Kohlenhydrate

- Zubereitungszeit: etwa 20 Minuten

1. Den Feldsalat putzen, mehrmals gründlich waschen und abtropfen lassen. Die Schalotte und den Knoblauch schälen. Die Schalotte fein hacken. Den Knoblauch durch die Presse drücken.

2. Den Zucker mit dem Essig so lange verrühren, bis sich der Zucker aufgelöst hat. Salz und Pfeffer hinzufügen. Das Öl nach und nach unterschlagen und die Schalotte und den Knoblauch unterrühren.

3. Das Toastbrot in kleine gleich große Würfel schneiden. Die Butter bei mittlerer Hitze in einer Pfanne zerlassen und die Brotwürfel darin unter Rühren goldbraun rösten.

4. Den Feldsalat in einer Schüssel mit der Vinaigrette mischen und auf vier Teller verteilen. Die Brotwürfelchen darüber streuen.

Tip!

Noch gehaltvoller wird der Salat, wenn Sie gebratene Würfel von Schwarzwälder Schinken daruntermischen.

Rahnensalat

Rahnen kennen Sie unter der Bezeichnung rote Bete oder rote Rüben. Dieser fein-würzige Salat schmeckt besonders gut zum Badischen Ochsenfleisch.

Zutaten für 4 Personen:
1 kg rote Beten
2 Eßl. Weißweinessig
1/2 Teel. Zucker
Salz
schwarzer Pfeffer, frisch gemahlen
3 Eßl. Sonnenblumenöl

Preiswert

Pro Portion etwa:
670 kJ/160 kcal
4 g Eiweiß · 5 g Fett
22 g Kohlenhydrate

- Zubereitungszeit: etwa 2 Stunden

1. Die roten Beten gründlich waschen, ohne die Haut dabei zu verletzen, und in einen großen Topf geben. So viel Wasser angießen, daß die Rüben gerade bedeckt sind. Zum Kochen bringen und die Rüben in etwa 1 1/4 Stunden zugedeckt bei mittlerer Hitze weich kochen.

2. Die Rüben in ein Sieb geben und mit kaltem Wasser abschrecken. Etwas abkühlen lassen, schälen, in dünne Scheiben schneiden und in eine große Schüssel geben.

3. Den Essig, den Zucker, Salz und Pfeffer verrühren, bis sich der Zucker aufgelöst hat. Dann das Öl unterrühren. Die roten Beten mit der Vinaigrette übergießen und etwa 30 Minuten zugedeckt ziehen lassen.

Im Bild vorne: Rahnensalat
Im Bild hinten: Sonnewirbelesalat mit Kracherle

Bettseicherlesalat mit Speck

Ein Frühlingssalat aus zart-bitteren Löwenzahnblättern.

Zutaten für 4 Personen:
200 g junge Löwenzahnblätter
50 g Schwarzwälder Schinken
2 Eßl. Weißweinessig
1 Teel. Zucker
Salz
schwarzer Pfeffer, frisch gemahlen
3 Eßl. Sonnenblumenöl

Schnell · Raffiniert

Pro Portion etwa:
470 kJ/110 kcal
3 g Eiweiß · 11 g Fett
2 g Kohlenhydrate

- Zubereitungszeit: etwa 20 Minuten

1. Den Löwenzahn waschen, putzen und abtropfen lassen.

2. Den Schinken in sehr kleine Würfel schneiden. Die Würfel in einer Pfanne ohne Fett bei mittlerer Hitze knusprig braten.

3. Den Essig mit dem Zucker, Salz und Pfeffer verrühren, bis sich der Zucker aufgelöst hat. Dann nach und nach das Öl unterschlagen.

4. Die Löwenzahnblätter auf vier Teller verteilen und mit der Vinaigrette beträufeln. Die Speckwürfel darüber streuen. Dazu paßt Baguette, das Sie auch mit Knoblauchbutter bestreichen können.

Briesle in Weißwein

Zutaten für 2–3 Personen:
2 Kalbsbriese (etwa 500 g)
1 kleine Möhre
1 Stück Sellerie (etwa 50 g)
1/2 Stange Lauch
1 Bund Petersilie
1 Zweig Thymian
Salz · 4 schwarze Pfefferkörner
100 g Champignons
1 Eßl. Zitronensaft · 2 Eßl. Butter
1/4 l trockener Weißwein
75 g Crème fraîche
weißer Pfeffer, frisch gemahlen

Braucht etwas Zeit

Bei 3 Personen pro Portion etwa:
2000 kJ/480 kcal
60 g Eiweiß · 20 g Fett
4 g Kohlenhydrate

- Zubereitungszeit: etwa 1 Stunde 10 Minuten
- Einweichzeit: etwa 2 Stunden

1. Die Kalbsbriese etwa 2 Stunden in reichlich kaltes Wasser legen. Das Wasser alle 30 Minuten erneuern.

2. Die Kalbsbriese herausnehmen. Wasser zum Kochen bringen. Die Kalbsbriese mit dem kochenden Wasser übergießen und sorgfältig von Blut und Sehnen befreien.

3. Die Möhre und den Sellerie schälen und in grobe Stücke teilen. Den Lauch waschen und die weißen Teile in feine Ringe schneiden. Die Petersilie und den Thymian waschen.

4. Reichlich Salzwasser in einem Topf zum Kochen bringen. Das Gemüse, die Hälfte der Petersilie, den Thymian und die Pfefferkörner dazugeben. Die Hitze wieder reduzieren. Die Briese in dem heißen, nicht mehr kochenden Wasser etwa 30 Minuten offen ziehen lassen.

5. Die Briese herausnehmen, eiskalt abschrecken und von den Häutchen befreien. Die Briese zwischen zwei Brettchen legen. Das obere Brettchen mit Gewichten beschweren. Die Briese etwa 30 Minuten ruhen lassen.

6. Die restliche Petersilie fein hacken. Die Champignons abbrausen, putzen und in Scheiben schneiden. Mit dem Zitronensaft beträufeln und zugedeckt beiseite stellen.

7. Die Briese in nicht zu dünne Scheiben schneiden. Die Butter in einer Pfanne erhitzen. Die Briese darin von beiden Seiten etwa 3 Minuten goldgelb braten, herausnehmen und zugedeckt beiseite stellen.

8. Die Champignons im verbliebenen Fett bei mittlerer Hitze braten, bis alle Flüssigkeit verdampft ist. Den Wein und die Crème fraîche dazugeben und alles verrühren. Die Sauce mit Salz und Pfeffer würzen. Die Briese in der Sauce erwärmen. Das Gericht mit der Petersilie bestreuen und servieren.

Im Bild vorne: Briesle in Weißwein
Im Bild hinten: Bettseicherlesalat mit Speck

Bibeliskäs

Dieser pikant angemachte Quark ist nicht nur in Baden beliebt, man kennt ihn auch in anderen Teilen Deutschlands. Am besten schmeckt er mit frischem Bauernbrot oder zu Pellkartoffeln.

Zutaten für 2 Personen:
250 g Quark (40% Fett i. Tr.)
3–4 Eßl. Sahne
1 Bund Schnittlauch
1 Schalotte
1 Knoblauchzehe
Salz
schwarzer Pfeffer, frisch gemahlen

Gelingt leicht · Schnell

Pro Portion etwa:
1000 kJ/240 kcal
15 g Eiweiß · 18 g Fett
6 g Kohlenhydrate

- Zubereitungszeit: etwa 15 Minuten

1. Den Quark mit der Sahne in eine Schüssel geben und glattrühren.

2. Den Schnittlauch waschen, trockenschütteln, in feine Röllchen schneiden und zum Quark geben.

3. Die Schalotte und die Knoblauchzehe schälen. Die Schalotte fein hacken, die Knoblauchzehe durch die Presse drücken. Beides zum Quark geben.

4. Alle Zutaten gut miteinander verrühren und den Quark mit Salz und Pfeffer würzen.

Flammkuchen

Früher wurde der Flammkuchen, der im Badischen auch Dinni oder Dinnete genannt wird, aus dem übriggebliebenen Brotteig gemacht, dünn mit Zwiebelringen, Speckwürfeln und Sauerrahm bestrichen und im Ofen knusprig gebacken. Heute wird er – wie ein Zwiebelkuchen – meist aus einem hellen Hefeteig gemacht.

Zutaten für 4 Personen:
Für den Teig:
300 g Weizenmehl (Type 1050)
Salz · 1/2 Würfel Hefe (20 g)
Zucker
Für den Belag:
500 g Zwiebeln
100 g Schwarzwälder Schinken
1 Eßl. Öl · 1 Teel. Kümmel
300 g Schmant oder Crème fraîche
Für die Arbeitsfläche: Mehl
Für das Blech: Butter oder Backpapier

Braucht etwas Zeit

Pro Portion etwa:
1700 kJ/400 kcal
15 g Eiweiß · 12 g Fett
59 g Kohlenhydrate

- Zubereitungszeit: etwa 1 Stunde 20 Minuten

1. 1/4 l Wasser erwärmen. Das Mehl in eine Schüssel sieben, etwas Salz daruntermischen, in die Mitte eine Vertiefung drücken. Die Hefe hineinbröckeln, mit 1 Prise Zucker bestreuen und mit etwas lauwarmem Wasser und etwas von dem Mehl verrühren. Die Schüssel mit einem Tuch abdecken und den Vorteig an einem warmen Ort etwa 15 Minuten gehen lassen.

2. Den Vorteig mit dem Mehl und dem restlichen Wasser zu einem geschmeidigen Teig verkneten. Zur Kugel formen und zugedeckt an einem warmen Ort etwa 30 Minuten gehen lassen.

3. In der Zwischenzeit die Zwiebeln schälen und, ebenso wie den Schinken, in kleine Würfel schneiden.

4. Das Öl in einer Pfanne erhitzen und die Zwiebeln darin bei mittlerer Hitze in etwa 5 Minuten glasig dünsten. Den Schinken dazugeben und kurz mitbraten. Die Pfanne vom Herd nehmen und die Mischung abkühlen lassen.

5. Ein Backblech mit Butter bestreichen oder mit Backpapier auslegen. Den Backofen auf 200° vorheizen. Den Hefeteig auf einer bemehlten Arbeitsfläche kräftig durchkneten und in vier Portionen teilen. Jedes Teigstück dünn ausrollen und auf das Backblech legen.

6. Den Kümmel und den Schmant oder die Crème fraîche unter die Zwiebel-Schinken-Mischung rühren. Die Fladen damit bestreichen und im Backofen (unten; Gas: Stufe 3) 15–20 Minuten backen.

Bild oben: Bibeliskäs
Bild unten: Flammkuchen

Kartoffelsupp

Die deftig-cremige Suppe wird mit Zwetschgenkuchen oder Apfelküchle gegessen. Eine vielleicht ungewöhnliche Kombination, die Sie unbedingt versuchen sollten.

Zutaten für 4 Personen:
1 kg mehligkochende Kartoffeln
1 kleine Zwiebel
1 Möhre
1 Stück Sellerie (etwa 100 g)
3 Frühlingszwiebeln
1–2 Eßl. Butterschmalz
1 l Fleischbrühe
125 g Crème fraîche

Für Ungeübte

Pro Portion etwa:
1500 kJ/360 kcal
8 g Eiweiß · 17 g Fett
43 g Kohlenhydrate

- Zubereitungszeit: etwa 50 Minuten

1. Die Kartoffeln waschen, schälen und in kleine Würfel schneiden. Die Zwiebel schälen und fein hacken. Die Möhre und den Sellerie waschen, schälen und kleinschneiden. Die Frühlingszwiebeln waschen, putzen und die weißen und hellgrünen Teile in Ringe schneiden.

2. Das Butterschmalz in einem großen Topf erhitzen. Die Zwiebelwürfel darin bei schwacher Hitze glasig dünsten. Dann die Kartoffelwürfel, die Möhre, den Sellerie und die Frühlingszwiebeln dazugeben und alles kurz mitdünsten.

3. Die Fleischbrühe angießen. Die Suppe zugedeckt bei schwacher Hitze 15–20 Minuten kochen lassen, bis die Kartoffeln weich sind.

4. Die Suppe mit dem Pürierstab fein pürieren. Die Crème fraîche unterrühren.

Spargelcremesupp

Zutaten für 4–6 Personen:
500 g Spargel
Salz
1 Eßl. Butter
1 Teel. Zucker
1 Bund Schnittlauch
1/8 l Fleischbrühe
1 Eßl. Speisestärke
200 g Sahne
1 Eigelb
weißer Pfeffer, frisch gemahlen
Muskatnuß, frisch gerieben

Gelingt leicht

Bei 6 Personen pro Portion etwa:
610 kJ/150 kcal
2 g Eiweiß · 13 g Fett
5 g Kohlenhydrate

- Zubereitungszeit: etwa 1 Stunde

1. Die Spargelstangen waschen, schälen und die unteren Enden abschneiden.

2. 3/4 l Salzwasser zum Kochen bringen. Die Butter, den Zucker und die Spargelschalen hineingeben. Alles etwa 10 Minuten bei schwacher Hitze offen köcheln lassen.

3. Den Schnittlauch waschen, trockenschütteln und in feine Röllchen schneiden.

4. Den Spargelsud durch ein Sieb in einen anderen Topf gießen. Die Fleischbrühe unterrühren, alles aufkochen. Die Spargelstangen hineingeben und in etwa 15 Minuten bei mittlerer Hitze garen.

5. Die Spargelstangen herausnehmen und die Spitzen abschneiden. Die Stangen in etwa 3 cm große Stücke schneiden und bis auf die Spitzen in die Suppe geben. Alles mit dem Pürierstab pürieren. Die Speisestärke mit etwas Sahne glattrühren. Die Suppe damit binden.

6. Das Eigelb mit der restlichen Sahne verquirlen. Die Suppe von der Kochstelle nehmen und die Eigelb-Sahne-Mischung unterziehen. Die Suppe darf dabei nicht mehr kochen, sonst gerinnt das Eigelb. Mit Salz, Pfeffer und 1 Prise Muskat würzen.

7. Die Spargelspitzen wieder in die Suppe geben. Die Suppe auf vorgewärmte Teller verteilen und mit den Schnittlauchröllchen bestreuen.

Im Bild vorne: Kartoffelsupp
Im Bild hinten: Spargelcremesupp

Grünkernsupp mit Markklößle

Die Grünkernsuppe wird in Baden natürlich auch ohne Markklößchen zubereitet. Mit den Klößchen ist sie die klassische Hochzeitssuppe.

Zutaten für 4 Personen:
Für die Grünkernsuppe:
2 Eßl. Butter
130 g Grünkernschrot
1 l Fleischbrühe · Salz
schwarzer Pfeffer, frisch gemahlen
Muskatnuß, frisch gerieben
Für die Markklößchen:
3 Markknochen
1 Bund glatte Petersilie
2 Eier
70 g Semmelbrösel · Salz
weißer Pfeffer, frisch gemahlen
Muskatnuß, frisch gerieben
1 l Fleischbrühe

Raffiniert

Pro Portion etwa:
1400 kJ/330 kcal
24 g Eiweiß · 10 g Fett
26 g Kohlenhydrate

- Zubereitungszeit: etwa 1 1/2 Stunden

1. Für die Grünkernsuppe die Butter in einem großen Topf erhitzen. Den Grünkernschrot darin bei mittlerer Hitze hellbraun rösten. Die Fleischbrühe unter Rühren angießen. Die Suppe zugedeckt bei schwacher Hitze etwa 45 Minuten köcheln lassen. Mit Salz, Peffer und 1 Prise Muskatnuß würzen.

2. Für die Markklößchen die Markknochen10–20 Minuten in eine Schüssel mit kaltem Wasser legen, bis das Mark weiß aussieht. In der Zwischenzeit die Petersilie waschen, trockenschütteln und fein hacken. Die Markknochen herausnehmen und das Mark aus den Knochen drücken.

3. Das Mark mit einer Gabel zerdrücken und durch ein Sieb streichen. Mit den Eiern, den Semmelbröseln und der Hälfte der Petersilie zu einem festen, aber gut formbaren Teig verrühren. Den Teig mit Salz, Pfeffer und Muskatnuß würzen. Aus der Masse kirschgroße Klößchen formen.

4. Die Fleischbrühe zum Kochen bringen. Die Klößchen darin bei schwacher Hitze etwa 10 Minuten offen ziehen lassen. Mit einem Schaumlöffel herausheben und in der heißen, mit der restlichen Petersilie bestreuten Grünkernsuppe servieren.

Tip!

Wenn Sie sich nicht ganz sicher sind, ob die Masse für die Markklößchen die richtige Konsistenz hat, kochen Sie einen Probekloß. Zerfällt er, mischen Sie noch etwas Semmelbrösel unter den Teig.

Brennti Mehlsupp

Zutaten für 4 Personen:
80 g Butter
125 g Vollkornmehl
1 1/2 l Fleischbrühe · Salz
schwarzer Pfeffer, frisch gemahlen
4–5 Eßl. Rotwein
3 Eßl. Crème fraîche

Preiswert

Pro Portion etwa:
1400 kJ/330 kcal
4 g Eiweiß · 24 g Fett
26 g Kohlenhydrate

- Zubereitungszeit: etwa 2 1/2 Stunden

1. Die Butter in einem großen Topf bei schwacher Hitze zerlassen. Das Mehl darin unter Rühren goldbraun rösten.

2. Nach und nach die Fleischbrühe dazugießen, dabei kräftig mit einem Schneebesen rühren, damit sich keine Klümpchen bilden.

3. Die Suppe bei starker Hitze aufkochen lassen, mit Salz und Pfeffer würzen und zugedeckt bei schwacher Hitze etwa 2 Stunden kochen lassen.

4. Kurz vor dem Servieren den Rotwein in die Suppe rühren und die Crème fraîche als Dekoration darauf setzen.

Im Bild vorne: Brennti Mehlsupp
Im Bild hinten:
Grünkernsupp mit Markklößle

Zwiebelkuchen

Zu dieser berühmten Spezialität trinkt man neuen Wein, auch als Federweißer, Sußer oder Sauser bekannt.

Zutaten für ein Backblech von 45 x 37 cm (ergibt etwa 15 Stück):

Für den Teig:
300 g Mehl
1/2 Würfel Hefe (20 g)
1 Eßl. Öl
Salz

Für den Belag:
1 1/2 kg Zwiebeln
3 Knoblauchzehen
3 Eßl. Öl
100 g Schwarzwälder Schinken
4 Eier
3 Eßl. Mehl
400 g saure Sahne
Salz
schwarzer Pfeffer, frisch gemahlen
2 Teel. Kümmel
Für das Blech: Fett
Für die Arbeitsfläche: Mehl

Braucht etwas Zeit
Für Gäste

Bei 15 Stück pro Stück etwa:
820 kJ/200 kcal
6 g Eiweiß · 8 g Fett
25 g Kohlenhydrate

- Zubereitungszeit: etwa 1 1/2 Stunden

1. 200 ml Wasser erwärmen. Das Mehl in eine Schüssel sieben. In die Mitte eine Vertiefung drücken. Die Hefe hineinbröckeln und mit 2–3 Eßlöffeln von dem warmen Wasser und 3 Eßlöffeln Mehl verrühren. Die Schüssel mit einem Küchentuch abdecken und den Teig an einem warmen Ort etwa 15 Minuten gehen lassen.

2. Das restliche Wasser, das Öl und Salz in die Schüssel geben und alles zu einem geschmeidigen Teig verkneten. Zur Kugel formen und zugedeckt etwa 30 Minuten an einem warmen Ort gehen lassen, bis der Teig sein Volumen verdoppelt hat.

3. Für den Belag die Zwiebeln schälen und in feine Ringe schneiden. Den Knoblauch schälen und durch die Presse drücken. Das Öl in einer großen Pfanne oder einem Topf erhitzen und darin die Zwiebeln und den Knoblauch bei schwacher Hitze glasig dünsten. In eine große Schüssel füllen.

4. Den Schinken in feine Würfel schneiden. In der Pfanne ohne Fett bei mittlerer Hitze rundum anbraten. Mit den Zwiebelringen mischen.

5. Die Eier mit dem Mehl verrühren. Die saure Sahne dazugeben. Alles miteinander verrühren und mit Salz, Pfeffer und Kümmel würzen.

6. Die Eier-Sahne zu der Zwiebel-Schinken-Mischung geben und alles gründlich miteinander vermengen. Den Backofen auf 200° vorheizen.

7. Ein Backblech einfetten. Den Teig auf bemehlter Arbeitsfläche nochmals durchkneten und in Backblechgröße ausrollen. Auf das Blech legen. Die Zwiebel-Schinken-Ei-Masse darauf verteilen. Den Zwiebelkuchen im Backofen (Mitte; Gas: Stufe 3) etwa 45 Minuten backen.

Tip!

Sollte von dieser Köstlichkeit wider Erwarten etwas übrigbleiben: Sie können den Zwiebelkuchen problemlos einfrieren. Er schmeckt auch aufgebacken hervorragend, wobei Sie die Oberseite mit Alufolie abdecken sollten, damit er nicht trocken wird.

Heiß, knusprig und duftend: Genießen Sie den saftigen Zwiebelkuchen mit einem Glas trockenem Wein am besten in geselliger Runde.

Saure Leberle

Zutaten für 2 Personen:
300 g Kalbsleber
1/4 l Milch
1 kleine Zwiebel
2 Eßl. Butterschmalz
1 Eßl. Mehl
1/8 l Fleischbrühe
75 ml trockener Weißwein
100 g Crème fraîche
Salz
schwarzer Pfeffer, frisch gemahlen
2 Eßl. feingehackte Petersilie

Gelingt leicht

Pro Portion etwa:
2500 kJ/600 kcal
35 g Eiweiß · 41 g Fett
19 g Kohlenhydrate

- Zubereitungszeit: etwa 50 Minuten

1. Die Kalbsleber unter fließendem kaltem Wasser abspülen und in eine flache Form geben. Die Milch darüber gießen. Die Leber sollte mit Milch bedeckt sein. Zugedeckt etwa 30 Minuten stehenlassen.

2. Die Zwiebel schälen und fein hacken. Die Leber aus der Milch nehmen, trockentupfen und in feine Streifen schneiden.

3. 1 Eßlöffel Butterschmalz in einer Pfanne erhitzen und die Zwiebel darin bei schwacher Hitze glasig dünsten. Die Hitze erhöhen. Die Leber dazugeben und bei mittlerer Hitze rundum in etwa 3 Minuten braun braten. Aus der Pfanne nehmen und zugedeckt warm stellen.

4. Das restliche Butterschmalz in der Pfanne erhitzen, das Mehl dazugeben und anschwitzen. Die Fleischbrühe und den Wein unter Rühren angießen.

5. Die Sauce etwa um die Hälfte einkochen lassen. Die Crème fraîche unterrühren und die Sauce mit Salz und Pfeffer würzen. Die Leberstreifen hineingeben und kurz ziehen lassen. Mit der Petersilie bestreut servieren.

Saure Sulz

Kutteln werden aus dem Netzmagen des Rindes fein geschnitten und bereits gekocht beim Metzger angeboten.

Zutaten für 2 Personen:
1 kleine Zwiebel
1 Möhre
1 Stück Sellerie (etwa 100 g)
1 Eßl. Butterschmalz
1–2 Eßl. Mehl
1 Teel. Tomatenmark
1/8 l Rotwein
1/4 l Fleischbrühe
1 Eßl. Rotweinessig
1 Lorbeerblatt
3 Wacholderbeeren · Salz
schwarzer Pfeffer, frisch gemahlen
300 g Kutteln, gekocht und fein geschnitten
1/2 Bund glatte Petersilie

Preiswert

Pro Portion etwa:
1400 kJ/330 kcal
28 g Eiweiß · 15 g Fett
12 g Kohlenhydrate

- Zubereitungszeit: etwa 1 1/4 Stunden

1. Die Zwiebel schälen und halbieren. Die Möhre und den Sellerie schälen und in grobe Stücke schneiden.

2. Das Butterschmalz in einem Topf erhitzen, das Mehl dazugeben und unter Rühren bei mittlerer Hitze goldbraun rösten. Das Tomatenmark dazugeben. Langsam den Wein, die Fleischbrühe und den Essig angießen, dabei kräftig rühren, damit sich keine Klümpchen bilden.

3. Die Zwiebel, die Möhre, den Sellerie, das Lorbeerblatt und die Wacholderbeeren dazugeben. Die Sauce mit Salz und Pfeffer würzen und zugedeckt bei schwacher Hitze etwa 30 Minuten köcheln lassen.

4. Die Kutteln unter fließendem kaltem Wasser abbrausen und abtropfen lassen.

5. Die Sauce durch ein Sieb in einen anderen Topf gießen. Die Kutteln dazugeben. Alles zugedeckt noch etwa 20 Minuten bei schwacher Hitze köcheln lassen. Die Petersilie waschen, trockenschütteln und fein hacken. Die saure Sulz eventuell nochmals mit Salz, Pfeffer und etwas Essig würzen. Mit Petersilie bestreut servieren.

Im Bild vorne: Saure Leberle
Im Bild hinten: Saure Sulz

Forelle blau

Zutaten für 2 Personen:
1 Möhre
1 Stück Sellerie (etwa 100 g)
1 Zwiebel
1 Bund Petersilie · Salz
1/8 l trockener Weißwein
2 Teel. Pfefferkörner
2 Lorbeerblätter · 2 Nelken
1/8 l Weißweinessig
2 Forellen von je etwa 250 g, küchenfertig vorbereitet
40 g Butter
1/2 unbehandelte Zitrone

Für Gäste

Pro Portion etwa:
2300 kJ/550 kcal
53 g Eiweiß · 24 g Fett
10 g Kohlenhydrate

- Zubereitungszeit: etwa 45 Minuten

1. Die Möhre und den Sellerie waschen. Die Möhre, die Zwiebel und den Sellerie schälen und grob zerkleinern. Die Petersilie waschen.

2. Für den Sud 1 1/2 l Wasser in einen breiten Topf geben. 2–3 Eßlöffel Salz, die Möhre, die Zwiebel, den Sellerie, die Petersilie, den Wein, die Pfefferkörner, die Lorbeerblätter und die Nelken dazugeben. Alles zum Kochen bringen, dann die Hitze reduzieren und den Sud etwa 15 Minuten köcheln lassen. Von der Kochstelle ziehen.

3. Den Weißweinessig in einem kleinen Topf erhitzen. Die Forellen unter fließendem kaltem Wasser abwaschen, mit dem heißen Essig begießen und in den heißen, nicht mehr kochenden Sud geben. Die Fische darin 8–10 Minuten ziehen lassen.

4. Die Butter erhitzen. Die Zitrone in Scheiben schneiden und die Forellen damit garnieren. Die flüssige Butter getrennt dazu reichen.

Hechtklößchen in Weinsauce

Zutaten für 2–3 Personen:
Für die Klößchen:
1 Brötchen vom Vortag
300 g Hechtfilet
1 Eiweiß · 100 g Sahne
1 Eßl. fein gehackte Petersilie
Salz
weißer Pfeffer, frisch gemahlen
Muskatnuß, frisch gerieben
Für die Sauce:
1 Schalotte · 1 Eßl. Butter
1 Teel. Speisestärke
1/8 l trockener Weißwein
100 g Sahne · Salz
weißer Pfeffer, frisch gemahlen
1 Glas Fischfond (450 ml)
2 Eßl. Noilly Prat (französischer Wermut) · 1 Eigelb

Exklusiv · Für Gäste

Bei 3 Personen pro Portion etwa:
1900 kJ/450 kcal
34 g Eiweiß · 27 g Fett
13 g Kohlenhydrate

- Zubereitungszeit: etwa 1 1/2 Stunden

1. Das Brötchen würfeln, in etwas Wasser einweichen. Den Fisch mit einer Pinzette von den Gräten befreien. In Stücke schneiden und mit dem Pürierstab fein pürieren.

2. Den Fisch mit dem Eiweiß, der Sahne und der Petersilie mischen, mit Salz, Pfeffer und Mukatnuß würzen und nochmals pürieren. Etwa 1 Stunde zugedeckt kühl stellen.

3. Für die Sauce die Schalotte schälen und sehr fein hacken. Die Butter in einem Topf zerlassen, die Schalotte darin glasig dünsten. Die Speisestärke mit dem Wein verrühren. Mit der Sahne in den Topf gießen. Die Sauce mit Salz und Pfeffer würzen und bei mittlerer Hitze um die Hälfte einkochen lassen.

4. Den Fischfond erhitzen. Von der Fischmasse mit einem Eßlöffel Klößchen abstechen. Diese in dem Fond etwa 10 Minuten bei schwacher Hitze gar ziehen lassen. Die Klößchen herausnehmen, mit etwas Fischfond begießen und warm stellen.

5. Den restlichen Fischfond durch ein Sieb gießen. Etwa 100 ml davon und den Noilly Prat in die Sauce geben. Nochmals etwas einkochen lassen. Von der Kochstelle nehmen. Das Eigelb verquirlen und die Sauce damit binden. Die Klößchen auf Teller verteilen und mit der Sauce begießen.

Im Bild vorne: Hechtklößchen in Weinsauce
Im Bild hinten: Forelle blau

Zanderfilet mit Shrimps

Wie der Egli oder Kretzer ist auch der Zander ein typischer Bodenseefisch. Er hat einen fein-kräftigen Geschmack.

Zutaten für 4 Personen:
800 g Zanderfilets
Salz
weißer Pfeffer, frisch gemahlen
1/2 Bund Dill
1 Eßl. Butter
100 ml trockener Weißwein
100 g Sahne
3 Eßl. Noilly Prat (französischer Wermut)
100 g Shrimps

Raffiniert

Pro Portion etwa:
1300 kJ/310 kcal
44 g Eiweiß · 13 g Fett
2 g Kohlenhydrate

- Zubereitungszeit: etwa 30 Minuten

1. Die Zanderfilets unter fließendem Wasser abspülen, trockentupfen und mit Salz und Pfeffer würzen.

2. Den Dill abbrausen und trockenschütteln. Einige Zweiglein zur Dekoration beiseite legen. Den restlichen Dill ohne die groben Stiele fein hacken.

3. Die Butter in einer Pfanne zerlassen. Die Zanderfilets darin von beiden Seiten bei schwacher Hitze insgesamt etwa 5 Minuten goldgelb anbraten. Die Filets herausnehmen und auf einer vorgewärmten Platte zugedeckt beiseite stellen.

4. Den Weißwein, die Sahne und den Noilly Prat in die Pfanne geben und den Bratenfond damit loskochen. Die Sauce durch ein Sieb passieren, wieder in die Pfanne geben und etwas einkochen lassen, bis sie sämig ist.

5. Die Shrimps und den feingehackten Dill in die Sauce geben und darin kurz erwärmen. Die Zanderfilets auf vorgewärmte Teller verteilen, mit der Sauce bedecken und mit dem Dill garnieren. Dazu paßt Wildreis.

Eglifilets in Mandelbutter

Egli – so wird der Bodenseebarsch bei Konstanz genannt. Auf der gegenüberliegenden Seite, bei Meersburg, nennt man ihn Kretzer. Egal, wie er heißt – er ist eine Delikatesse.

Zutaten für 4 Personen:
800 g Eglifilets
Salz
weißer Pfeffer, frisch gemahlen
1 Ei
150 g Mandelblättchen
30 g Butter

Gelingt leicht

Pro Portion etwa:
1900 kJ/450 kcal
42 g Eiweiß · 29 g Fett
4 g Kohlenhydrate

- Zubereitungszeit: etwa 30 Minuten

1. Die Eglifilets unter fließendem Wasser abwaschen, trockentupfen und mit Salz und Pfeffer würzen.

2. Das Ei in einen tiefen Teller geben und verquirlen. Die Mandelblättchen in einen anderen Teller schütten. Die Filets zuerst in dem Ei, dann in den Mandelblättchen wenden.

3. Die Butter in einer Pfanne zerlassen und die Eglifilets darin bei mittlerer Hitze von beiden Seiten in 2–4 Minuten goldbraun braten.

4. Die Eglifilets auf einer vorgewärmten Platte anrichten. Dazu passen ein bunter Salat und Salzkartoffeln.

Tip!

Zu dem feinen Geschmack des Egli harmoniert ein gut gekühlter badischer Riesling.

Im Bild vorne: Eglifilets in Mandelbutter
Im Bild hinten: Zanderfilet mit Shrimps

Spargel mit Schinken

Zu diesem Klassiker serviert man in Baden Kratzete, Flädle oder Strübli.

Zutaten für 4 Personen:
2 kg Spargel
Salz
1/2 Teel. Zucker
120 g Butter
200 g Schwarzwälder Schinken in feinen Scheiben

Für Gäste · Etwas teurer

Pro Portion etwa:
2100 kJ/500 kcal
18 g Eiweiß · 43 g Fett
12 g Kohlenhydrate

- Zubereitungszeit: etwa 50 Minuten

1. Die Spargelstangen mit einem Sparschäler oder einem kleinen scharfen Küchenmesser schälen. Dabei immer unterhalb der Spargelspitzen beginnen. Oben dünner, nach unten dicker abschälen. Die Enden abschneiden.

2. Reichlich Wasser in einem großen Topf zum Kochen bringen. Salz, den Zucker und 1 Eßlöffel von der Butter dazugeben. Die Spargelstangen in das kochende Wasser geben. Die Hitze reduzieren und den Spargel – je nach Dicke – bei schwacher Hitze in 10–15 Minuten bißfest garen.

3. Die restliche Butter in einem kleinen Topf bei schwacher Hitze schmelzen. In eine Sauciere füllen und warm stellen.

4. Die Spargel portionsweise auf Teller verteilen. Die Butter und den Schinken getrennt dazu reichen.

Tip!

So erkennen Sie, ob Spargel frisch ist: Frische Spargelstangen quietschen, wenn man sie leicht aneinander reibt, und die Schnittstellen sind feucht.

Kratzete

Kratzete ist eine beliebte Beilage zu Stangenspargel. Sie schmeckt aber auch wunderbar mit Apfelmus oder -kompott und Zimt-Zucker.

Zutaten für 4–6 Personen:
4 Eier
Salz
300 g Mehl
1/4 l Milch
30 g Butter

Gelingt leicht · Schnell

Bei 6 Personen pro Portion etwa:
1000 kJ/240 kcal
5 g Eiweiß · 6 g Fett
42 g Kohlenhydrate

- Zubereitungszeit: etwa 20 Minuten

1. Die Eier trennen. Die Eigelbe in eine große Schüssel geben. Die Eiweiße und 1 Prise Salz mit den Schneebesen des Handrührgerätes steif schlagen.

2. Die Eigelbe mit den Schneebesen des Handrührgerätes verquirlen. Die Hälfte des Mehls dazugeben und unterrühren. Nach und nach die Milch und das restliche Mehl unterrühren. Den Teig mit Salz würzen.

3. Den Eischnee unter den Teig heben. Die Hälfte der Butter in einer großen Pfanne zerlassen und die Hälfte des Teigs hineingeben. Den Pfannkuchen bei mittlerer Hitze backen, bis die Unterseite goldbraun ist. Dann wenden und die zweite Seite backen und ebenso verfahren.

4. Den Pfannkuchen mit zwei Gabeln in große Stücke reißen, auf eine vorgewärmte Platte geben und warm stellen. Den zweiten Pfannkuchen backen.

Variante:
Dummis
Das sind in Würfel geschnittene Pfannkuchen. Für Dummis die ganzen Eier mit dem Mehl und der Milch verrühren. Aus dem Teig dicke Pfannkuchen backen. Die Pfannkuchen in kleine Würfel schneiden und in Butter oder Butterschmalz goldbraun braten.

Bild oben: Spargel mit Schinken
Bild unten: Kratzete

Strübli

Striebli oder Strübli werden zu Kartoffelsuppe oder Spargel gereicht.

Zutaten für 4 Personen:
2 große Eier
250 g Mehl
1 Eßl. Zucker
Salz
200 ml Milch
Zum Ausbacken: 750 g Fritierfett

Gelingt leicht

Pro Portion etwa:
1800 kJ/430 kcal
6 g Eiweiß · 21 g Fett
54 g Kohlenhydrate

- Zubereitungszeit: etwa 40 Minuten

Tip!

Die Strübli gelingen besonders gut mit einem speziellen Strübli-Trichter. Wenn Sie diesen in Ihrem Haushaltswarengeschäft nicht bekommen, können Sie auch einen normalen Metall- oder Plastiktrichter nehmen.

1. Die Eier trennen. Das Mehl in eine Schüssel sieben. Die Eigelbe, den Zucker und 1 Prise Salz dazugeben und alles gut verrühren.

2. Nach und nach die Milch unter Rühren mit dem Schneebesen dazugeben. Der Teig sollte glatt und etwas dicker als ein Pfannkuchenteig sein.

3. Die Eiweiße mit den Schneebesen des Handrührgerätes steif schlagen. Den Eischnee unter den Teig heben. Das Fett in einem hohen Topf oder in einer Friteuse erhitzen.

4. Den Teig durch einen speziellen Strübli-Trichter schneckenförmig ins heiße Fett fließen lassen. Vorsichtig, Spritzgefahr! Die Strübli goldgelb backen.

Flädle

Flädle kennt man in ganz Baden-Württemberg in den verschiedensten Variationen: in Streifen geschnitten als Suppeneinlage, mit Hackfleisch oder Brät gefüllt als Hauptgericht, ungefüllt als Beilage zu Spargel oder als feiner Nachtisch, mit Heidelbeeren gefüllt und mit Puderzucker bestäubt.

Zutaten für 4 Personen:
150 g Mehl
3 Eier
1/4 l Milch
Salz
Zum Braten: Butter

Preiswert · Gelingt leicht

Pro Portion etwa:
2300 kJ/550 kcal
77 g Eiweiß · 27 g Fett
49 g Kohlenhydrate

- Zubereitungszeit: etwa 30 Minuten

1. Das Mehl in eine Schüssel sieben. Die Eier dazugeben und kräftig unterschlagen – das geht am besten mit den Schneebesen des elektrischen Handrührgerätes. Dann die Milch nach und nach unterrühren und den Teig mit Salz würzen. Den Teig zugedeckt etwa 10 Minuten quellen lassen.

2. Etwas Butter in einer Pfanne zerlassen. So viel Teig in die Pfanne geben, daß der Boden dünn bedeckt ist. Den Pfannkuchen von beiden Seiten goldbraun backen.

3. So weiter verfahren, bis der ganze Teig verbraucht ist. Die fertigen Pfannkuchen in der Zwischenzeit zugedeckt warm stellen.

4. Die Pfannkuchen zur Hälfte zusammenlegen, dann nochmals zur Hälfte zusammenlegen. So werden sie als Beilage zu Spargel gereicht.

Ochsenfleisch mit Meerrettichkartoffeln

Für die Meerrettichkartoffeln sollten Sie möglichst festkochende Kartoffeln nehmen, da diese nicht so leicht zerfallen. Wenn Sie die Kartoffeln so wie in diesem Rezept beschrieben ohne Mehlschwitze zubereiten, eignen sich besonders stärkereiche Sorten wie Bintje.

Zutaten für 4 Personen:

Für das Fleisch:
1 Lauchstange
2 Möhren
1 Stück Sellerie (etwa 100 g)
1 Bund Petersilie
1 Zwiebel
4 Markknochen
1 kg Ochsenfleisch (Brustspitze)
4–5 schwarze Pfefferkörner
Salz

Für die Kartoffeln:
1 kg festkochende Kartoffeln
1/4 l Fleischbrühe
1/4 l Milch
Salz
schwarzer Pfeffer, frisch gemahlen
100 g Sahne
3 Eßl. Meerrettich, frisch gerieben
1 Bund Schnittlauch

Braucht etwas Zeit
Für Gäste

Pro Portion etwa:
3400 kJ/810 kcal
77 g Eiweiß · 27 g Fett
49 g Kohlenhydrate

- Zubereitungszeit: etwa 2 Stunden

1. Den Lauch längs einschneiden und unter fließendem Wasser gründlich abspülen. Das Wurzelende und die dunkelgrünen Blätter abschneiden. Die Möhren und den Sellerie waschen und schälen. Die Petersilie waschen. Die Zwiebel schälen und halbieren. Die Hälften mit der Schnittfläche in einer Pfanne ohne Fett bei mittlerer Hitze goldbraun rösten.

2. Die Markknochen und das Fleisch unter fließendem kaltem Wasser gründlich abspülen. Die Markknochen mit dem vorbereiteten Gemüse und den Pfefferkörnern in einen großen Topf geben. 1 1/2 l Wasser angießen. Mit Salz würzen. Alles zum Kochen bringen. Eventuell aufsteigenden Schaum abschöpfen.

3. Das Fleisch in das kochende Wasser geben, es sollte von der Flüssigkeit bedeckt sein. Die Hitze reduzieren und das Fleisch zugedeckt bei schwacher Hitze in etwa 1 1/2 Stunden garen.

4. Die Kartoffeln waschen, schälen und in etwa 1/2 cm dicke Scheiben schneiden. In einen großen Topf geben. Die Fleischbrühe und die Milch angießen. Mit Salz und Pfeffer würzen. Die Kartoffeln bei schwacher Hitze in etwa 20 Minuten garen.

5. Die Sahne und den Meerrettich zu den Kartoffeln geben und alles gut verrühren. Den Schnittlauch waschen, trockenschütteln und in feine Röllchen schneiden. Die Meerrettichkartoffeln damit bestreuen.

6. Das Fleisch aus der Brühe nehmen und quer zur Faser in dünne Scheiben schneiden. Mit den Meerrettichkartoffeln auf vorgewärmte Teller geben. Das Fleisch mit etwas Brühe begießen.

Variante:
Die Meerrettichkartoffeln können Sie auch mit einer Mehlschwitze zubereiten. Dafür die Kartoffelscheiben in Salzwasser garen und abgießen. 3 Eßlöffel Butter in einem Topf erhitzen. 2 Eßlöffel Mehl dazugeben und unter Rühren goldgelb anschwitzen. Mit der Fleischbrühe und der Milch aufgießen – dabei kräftig mit dem Schneebesen rühren, damit es keine Klümpchen gibt. Die Sahne und den Meerrettich unterrühren, die Sauce mit Salz und Pfeffer würzen. Die Kartoffelscheiben in die Sauce geben und kurz erwärmen.

Zartes Fleisch und sahnig-würzige Meerrettichkartoffeln ergänzen sich perfekt zu einem feinen Essen, mit dem Sie auch Ihre Gäste verwöhnen können.

Gfüllti Kalbsbrust

Zutaten für 4–6 Personen:
1 1/2 kg Kalbsbrust
Salz
schwarzer Pfeffer, frisch gemahlen
1 Brötchen vom Vortag
1/8 l Milch
1 Zwiebel
1/2 Bund Petersilie
1 Eßl. Butter
150 g Kalbsbrät
1 Ei
Muskatnuß, frisch gerieben
2 Eßl. Butterschmalz
1/4 l trockener Weißwein
150 g Crème fraîche
Küchengarn

Braucht etwas Zeit
Für Gäste

Bei 6 Personen pro Portion etwa:
2400 kJ/570 kcal
53 g Eiweiß · 33 g Fett
6 g Kohlenhydrate

- Zubereitungszeit: etwa 2 1/2 Stunden

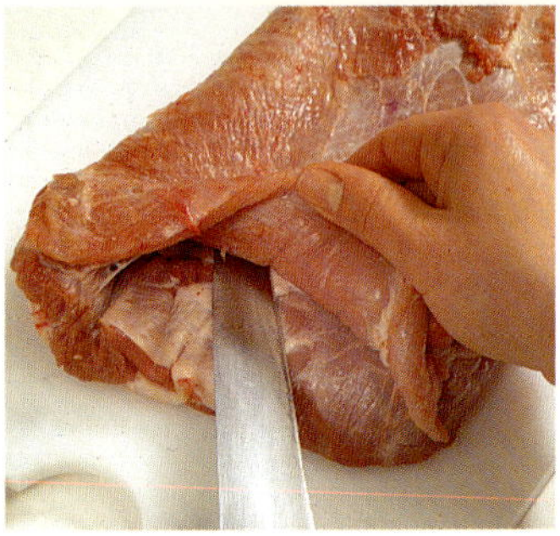

1. Die Kalbsbrust unter fließendem kaltem Wasser abspülen und gut trockentupfen. Mit einem scharfen Messer eine Tasche hineinschneiden. Das Fleisch außen und innen mit Salz und Pfeffer würzen.

2. Das Brötchen erst in Scheiben und diese dann in Würfel schneiden. Die Brotwürfel mit der Milch begießen.

3. Die Zwiebel schälen und fein hacken. Die Petersilie waschen, trockenschütteln und ohne die groben Stiele fein hacken.

4. Die Butter in einer kleinen Pfanne erhitzen. Die Zwiebel und die Petersilie darin bei schwacher Hitze unter Rühren andünsten.

5. Das Brät in eine Schüssel geben. Mit dem Ei, der Zwiebel-Petersilie-Mischung und den ausgedrückten Brotwürfeln mischen. Die Masse mit Salz, Pfeffer und 1 Prise Muskatnuß würzen. Den Backofen auf 180° vorheizen.

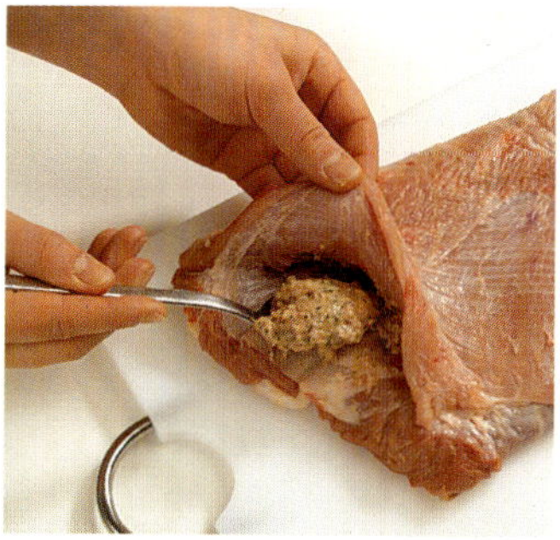

6. Die Kalbsbrust mit der Masse füllen und die Öffnung mit Küchengarn sorgfältig zunähen.

7. Das Butterschmalz in einem Bräter erhitzen. Die Kalbsbrust darin rundherum kurz anbraten. Den Weißwein angießen. Die Kalbsbrust im Backofen (unten; Gas: Stufe 2) zugedeckt etwa 2 Stunden braten. Dabei immer wieder mit dem Bratensaft beschöpfen. Eventuell noch etwas heißes Wasser, Fleischbrühe oder Wein nachgießen.

8. Die Kalbsbrust herausnehmen. Das Küchengarn entfernen und das Fleisch zugedeckt warm stellen. Den Bratenfond mit der Crème fraîche loskochen und durch ein Sieb passieren. Eventuell mit Salz und Pfeffer würzen. Die Kalbsbrust in nicht zu dünne Scheiben schneiden. Die Sauce getrennt dazu reichen.

Variante:
Die Füllung gelingt auch ganz ohne Fleisch: dafür 3 Brötchen vom Vortag in kleine Würfel schneiden und in wenig lauwarmer Milch einweichen.
1 Bund feingehackte Petersilie und 1 feingehackte Zwiebel in 2 Eßlöffeln Butter dünsten. Die Brötchen mit 2–3 Eiern und der Zwiebel-Petersilie-Mischung vermengen. Die Masse mit Salz, Muskatnuß und Pfeffer würzen und die Kalbsbrust damit füllen.

Tip!

Zu der Kalbsbrust passen als Beilage Broccoli, junge Möhren und selbstgemachte Nudeln oder Spätzle.

Schäufele mit Kartoffelsalat

Schäufele nennt man das Schulterstück mit Knochen vom Schwein. Es wird leicht gepökelt und geräuchert, deshalb können Sie es ohne Salz kochen.

Zutaten für 4 Personen:
Für das Schäufele:
1 1/4 kg Schäufele (mit Knochen)
1 Zwiebel
1 Lorbeerblatt
2 Nelken
4–5 Wacholderbeeren
3–4 Pfefferkörner
Für den Kartoffelsalat:
1 kg festkochende Kartoffeln
Salz
1 Zwiebel
1/4 l kräftige Fleischbrühe
1 Teel. Senf
3 Eßl. Essig
1 Bund Schnittlauch
5 Eßl. Sonnenblumenöl
schwarzer Pfeffer, frisch gemahlen

Braucht etwas Zeit

Pro Portion etwa:
4700 kJ/1100 kcal
59 g Eiweiß · 81 g Fett
41 g Kohlenhydrate

- Zubereitungszeit: etwa 2 1/2 Stunden

1. 1 l Wasser in einem großen Topf zum Kochen bringen. Das Schäufele unter fließendem kaltem Wasser abwaschen. Die Zwiebel schälen und halbieren. Die Hälften mit der Schnittfläche nach unten in eine Pfanne legen und bei mittlerer Hitze ohne Fett bräunen.

2. Das Lorbeerblatt, die Zwiebel, die Nelken, die Wacholderbeeren, die Pfefferkörner und das Schäufele in das kochende Wasser geben. Alles zugedeckt bei schwacher Hitze etwa 2 Stunden ziehen lassen, bis das Fleisch gar ist.

3. Für den Kartoffelsalat die Kartoffeln gründlich waschen und in einen Topf geben. Etwa 2 cm hoch Wasser angießen, mit Salz würzen. Die Kartoffeln fest zugedeckt bei schwacher Hitze in etwa 30 Minuten (je nach Größe) garen.

4. Die Zwiebel schälen und in feine Würfel schneiden. Die Kartoffeln abgießen und kalt abschrecken. Noch warm schälen, in nicht zu dünne Scheiben schneiden und in eine Schüssel geben. Die Zwiebelwürfel darüber verteilen.

5. Die Fleischbrühe erhitzen. Mit dem Senf und dem Essig mischen und über die Kartoffeln gießen. Den Salat zugedeckt etwa 1 Stunde ziehen lassen.

6. Den Schnittlauch waschen, trockenschütteln und in feine Röllchen schneiden.

7. Kurz vor dem Servieren das Öl an den Kartoffelsalat geben. Den Salat mit Pfeffer würzen und vorsichtig mischen. Mit den Schnittlauchröllchen garnieren.

8. Das Schäufele aus der Brühe nehmen und vom Knochen lösen. Das Fleisch in Scheiben schneiden und auf einer Platte anrichten.

Variante:
Das Schäufele schmeckt auch sehr gut mit Kraut. Dafür das Fleisch nach 1 Stunde Kochzeit aus der Brühe nehmen und im Sauerkraut in etwa 1 Stunde fertiggaren.

Tip!

Sollten Sie das Schäufele bei Ihrem Metzger nicht bekommen, können Sie als Alternative auch Kasseler nehmen.

Zum zart geräuchten Schäufele servieren die Badener einen Kartoffelsalat, der mit heißer Fleischbrühe angemacht und deshalb besonders saftig wird.

Schlachtplatte mit Kraut

Zutaten für 4–6 Personen:
1 Zwiebel
3 Eßl. Schweineschmalz mit Grieben
1 große Dose Sauerkraut (Abtropfgewicht 770 g) · 3 Lorbeerblätter
5 Wacholderbeeren · 2 Nelken
1/4 l Apfelsaft
1/4 l trockener Weißwein · Salz
schwarzer Pfeffer, frisch gemahlen
1 kg magerer Schweinebauch
1 Scheibe durchwachsener Speck
je 4–6 Blut- und Leberwürste

Für Gäste

Bei 6 Personen pro Portion etwa:
7200 kJ/1700 kcal
52 g Eiweiß · 150 g Fett
10 g Kohlenhydrate

- Zubereitungszeit: etwa 2 1/2 Stunden

1. Die Zwiebel schälen und fein hacken. Das Schmalz in einem großen Topf zerlassen. Die Zwiebel darin bei schwacher Hitze andünsten. Das Sauerkraut zerpflücken und zu der Zwiebel geben. Die Lorbeerblätter, die Wacholderbeeren und die Nelken dazugeben. Den Apfelsaft und den Weißwein angießen. Alles mit Salz und Pfeffer würzen und aufkochen lassen.

2. Den Schweinebauch und den Speck ins Kraut geben und alles zugedeckt bei schwacher Hitze etwa 2 Stunden kochen lassen. Eventuell etwas Flüssigkeit nachgießen.

3. Wasser in einem Topf aufkochen lassen. Die Hitze reduzieren. Die Blut- und Leberwürste in dem heißen, nicht mehr kochenden Wasser etwa 15 Minuten ziehen lassen.

4. Die Lorbeerblätter, die Wacholderbeeren und die Nelken aus dem Kraut entfernen. Den Schweinebauch und den Speck herausnehmen und in Scheiben schneiden.

5. Das Sauerkraut mit dem Schweinebauch, dem Speck und den Würsten auf einer Platte anrichten.

Brägele

Brägele sind herrlich knusprige Bratkartoffeln, die es in verschiedenen Variationen gibt.

Zutaten für 4 Personen:
1 kg festkochende Kartoffeln
1 kleine Zwiebel
4 Eßl. Schweineschmalz mit Grieben
Salz
schwarzer Pfeffer, frisch gemahlen

Preiswert

Pro Portion etwa:
1200 kJ/290 kcal
5 g Eiweiß · 12 g Fett
39 g Kohlenhydrate

- Zubereitungszeit: etwa 40 Minuten
- Abkühlzeit: mindestens 6 Stunden, besser über Nacht

1. Am Vortag die Kartoffeln waschen, mit wenig Wasser bedecken und in etwa 20 Minuten gar kochen, abgießen und mindestens 6 Stunden abkühlen lassen.

2. Die Kartoffeln schälen und in nicht zu dünne Scheiben schneiden. Die Zwiebel schälen und fein hacken.

3. Das Schmalz in einer großen Pfanne zerlassen. Die Kartoffelscheiben hineingeben und bei mittlerer Hitze ohne Wenden so lange braten, bis sich unten eine goldgelbe Kruste gebildet hat.

4. Die Kartoffeln mit Salz und Pfeffer würzen. Die gehackte Zwiebel darüber verteilen und den Kartoffelfladen wenden. Auf der ungebackenen Seite ebenfalls so lange braten, bis sich eine goldgelbe Kruste gebildet hat. Die Brägele sofort servieren, sonst werden sie weich.

Variante:
Auch aus rohen Kartoffeln lassen sich saftig-krosse Brägele machen. Dafür die Kartoffeln in etwa 1 cm große Würfel schneiden. Das Schmalz in einer großen Pfanne erhitzen und die Kartoffelwürfel darin von allen Seiten bei schwacher bis mittlerer Hitze etwa 15 Minuten braten, bis sie goldbraun und gar sind. Die Brägele mit Salz und Pfeffer würzen und sofort servieren.

Im Bild vorne: Brägele
Im Bild hinten: Schlachtplatte mit Kraut

Fleischküchle

Zutaten für 4 Personen:

2 Brötchen vom Vortag
1 Zwiebel
1 Bund Petersilie
75 g Butter
500 g Hackfleisch
1 Ei
Salz
schwarzer Pfeffer, frisch gemahlen

Preiswert

Pro Portion etwa:
2300 kJ/550 kcal
28 g Eiweiß · 41 g Fett
13 g Kohlenhydrate

- Zubereitungszeit: etwa 40 Minuten

1. Die Brötchen in feine Würfel schneiden und in eine Schüssel geben. Mit lauwarmem Wasser begießen und quellen lassen.

2. Die Zwiebel schälen und fein hacken. Die Petersilie waschen und trockenschütteln. Die Blättchen abzupfen und fein hacken.

3. Die Hälfte der Butter in einer Pfanne zerlassen und die Zwiebel darin bei schwacher Hitze glasig dünsten. Die Petersilie dazugeben und kurz mitdünsten. Die Pfanne von der Kochstelle ziehen und die Mischung etwas abkühlen lassen.

4. Das Hackfleisch in eine Schüssel geben. Das Ei und die Zwiebel-Petersilie-Mischung dazugeben. Die Brötchen gut ausdrücken und ebenfalls dazugeben. Alles gründlich vermischen. Den Fleischteig mit Salz und Pfeffer kräftig würzen.

5. Aus dem Teig mit feuchten Händen flache Küchlein formen. Die restliche Butter in einer Pfanne erhitzen und die Fleischküchle darin bei mittlerer Hitze von beiden Seiten jeweils etwa 4 Minuten braun und knusprig braten.
Zu den Fleischküchle schmeckt am besten ein Kartoffelsalat.

Krautspätzle

Zutaten für 4 Personen:

1 Zwiebel
100 g Schinkenspeck
2 Eßl. Schweineschmalz mit Grieben
1 Dose Sauerkraut (etwa 600 g)
1 Lorbeerblatt
2 Wacholderbeeren
500 g Spätzle (fertig gegart)
Salz
schwarzer Pfeffer, frisch gemahlen
2 Eßl. feingehackte Petersilie

Preiswert

Pro Portion etwa:
2900 kJ/690 kcal
21 g Eiweiß · 26 g Fett
95 g Kohlenhydrate

- Zubereitungszeit: etwa 40 Minuten

1. Die Zwiebel schälen und fein hacken. Den Schinkenspeck von der Schwarte befreien und fein würfeln.

2. Das Schweineschmalz in einer Pfanne erhitzen und den Speck darin anbraten. Die Zwiebel dazugeben und bei schwacher Hitze glasig dünsten.

3. Das Sauerkraut aus der Dose nehmen, mit einer Gabel zerpflücken und ebenfalls in die Pfanne geben. Das Lorbeerblatt und die Wacholderbeeren dazugeben. Alles gründlich mischen und bei mittlerer Hitze etwa 15 Minuten braten. Dann die Hitze reduzieren und das Kraut zugedeckt noch weitere 15 Minuten dünsten. Eventuell noch etwas Flüssigkeit dazugeben.

4. Das Lorbeerblatt und die Wacholderbeeren herausnehmen. Die Spätzle unter das Kraut mischen und kurz erwärmen. Die Krautspätzle mit Salz und Pfeffer würzen, mit der Petersilie bestreuen und auf vorgewärmte Teller verteilen.

Im Bild vorne: Krautspätzle
Im Bild hinten: Fleischküchle

Aufzogene Blättle

Das ist ein feines Kartoffelgratin, das solo mit einem bunten Salat oder als Beilage zu einem saftigen Filetsteak ganz hervorragend schmeckt.

Zutaten für 4 Personen:
1 kg mehligkochende Kartoffeln
Salz
schwarzer Pfeffer, frisch gemahlen
1 Knoblauchzehe
125 g Crème fraîche
1/4 l Milch
1 Ei
50 g Gruyère, frisch gerieben
2 Eßl. feingehackte Petersilie
Für die Form: Butter

Gelingt leicht

Pro Portion etwa:
1700 kJ/400 kcal
12 g Eiweiß · 22 g Fett
42 g Kohlenhydrate

- Zubereitungszeit: etwa 1 Stunde 20 Minuten

1. Eine Gratinform mit Butter ausstreichen. Die Kartoffeln waschen, schälen und in sehr dünne Scheiben schneiden. Die Scheiben dachziegelartig in die Form schichten. Jede Lage mit Salz und Pfeffer würzen. Den Backofen auf 180° vorheizen.

2. Den Knoblauch schälen und durchpressen. Die Crème fraîche mit der Milch und dem Ei verquirlen, den Käse und den Knoblauch untermischen und alles mit Salz und Pfeffer würzen. Die Mischung über die Kartoffeln verteilen.

3. Das Gratin im Backofen (Mitte; Gas: Stufe 2) in etwa 1 Stunde goldbraun überbacken. Mit Petersilie bestreut servieren.

Tip!

Wichtig ist, daß die Kartoffeln in der Gratinform nicht zu hoch geschichtet und ausreichend von der Crème-fraîche-Mischung bedeckt sind.

Kartoffelküchle

Die Kartoffelküchle schmecken gut zu Bratengerichten mit viel Sauce oder zu Sauerkraut.

Zutaten für 4 Personen:
1 kg mehligkochende Kartoffeln
1 kleine Zwiebel
1/2 Bund Petersilie
1 Eßl. Butter
2 Eier · Salz
schwarzer Pfeffer, frisch gemahlen
Muskatnuß, frisch gerieben
Zum Braten: Butterschmalz

Preiswert

Pro Portion etwa:
1000 kJ/240 kcal
6 g Eiweiß · 6 g Fett
39 g Kohlenhydrate

- Zubereitungszeit: etwa 2 Stunden

1. Die Kartoffeln gründlich waschen und in einen Topf geben. Etwa 2 cm hoch Wasser angießen. Die Kartoffeln bei schwacher Hitze in etwa 30 Minuten (je nach Größe) garen.

2. Die Kartoffeln abgießen, eiskalt abschrecken und etwas abkühlen lassen.

3. In der Zwischenzeit die Zwiebel schälen und fein hacken. Die Petersilie waschen und trockenschütteln. Die Blättchen abzupfen und ebenfalls fein hacken.

4. Die Butter in einer Pfanne zerlassen und die Zwiebel darin glasig dünsten. Die Petersilie dazugeben und kurz mitdünsten lassen. Die Pfanne von der Kochstelle ziehen und die Mischung etwas abkühlen lassen.

5. Die Kartoffeln schälen und mit dem Kartoffelstampfer fein zerdrücken. Mit der Zwiebel-Petersilie-Mischung und den Eiern mischen. Den Teig mit Salz, Pfeffer und 1 Prise Muskatnuß würzen.

6. Aus dem Teig flache Taler formen. Das Butterschmalz in einer Pfanne zerlassen und die Kartoffelküchle darin von beiden Seiten bei mittlerer Hitze goldbraun braten.

Bild oben: Aufzogene Blättle
Bild unten: Kartoffelküchle

Fasan mit glasierten Maronen

Fasane gibt es im Markgräflerland noch wild. Zu dem feinen Geflügel passen mildes Weinsauerkraut oder Rotkraut und Kartoffelpüree.

Zutaten für 2–3 Personen:
Für die Maronen:
400 g Maronen
100 ml Fleischbrühe
3 Eßl. Butter
1 Eßl. Zucker
Für den Fasan:
1 junger Fasan (etwa 800 g), küchenfertig vorbereitet
Salz
schwarzer Pfeffer, frisch gemahlen
50 g fetter Speck in dünnen Scheiben
2 Möhren
1 Stange Lauch
1 Zwiebel
2 Eßl. Butterschmalz
1/4 l trockener Rotwein
Küchengarn

Braucht etwas Zeit
Für Gäste

Bei 3 Personen pro Portion etwa:
3800 kJ/900 kcal
61 g Eiweiß · 38 g Fett
66 g Kohlenhydrate

- Zubereitungszeit: etwa 1 1/2 Stunden

1. 1 l Wasser zum Kochen bringen. Die Schale der Maronen über Kreuz einritzen. Die Maronen in dem kochenden Wasser etwa 15 Minuten garen, bis sich die Schalenenden nach außen biegen. Die Maronen abgießen, kalt abschrecken und schälen.

2. Den Fasan innen und außen abwaschen, trockentupfen und mit Salz und Pfeffer würzen.

3. Die Brust des Fasans mit den Speckscheiben belegen und mit Küchengarn umwickeln. Den Backofen auf 200° vorheizen.

4. Die Möhren schälen, waschen und in kleine Würfel schneiden. Den Lauch längs aufschlitzen, die Wurzeln und dunkelgrünen Teile entfernen. Den Lauch gründlich abbrausen und in Ringe schneiden. Die Zwiebel schälen und halbieren.

5. Das Butterschmalz in einem großen Bräter schmelzen. Den Fasan hineingeben und von allen Seiten kurz anbraten. Das Gemüse um den Fasan herum verteilen und mitbraten.

6. Den Fasan mit den Speckscheiben nach oben in den Bräter legen und im Backofen (Mitte; Gas: Stufe 3) etwa 15 Minuten braten, dabei immer wieder mit einigen Eßlöffeln Wein und dem Bratenfond beschöpfen.

7. Den Fasan wenden und nochmals etwa 15 Minuten braten, dabei immer wieder mit dem Wein und dem Bratenfond beschöpfen.

8. Für die Maronen die Fleischbrühe aufkochen lassen. Die Butter, den Zucker und die Maronen dazugeben und umrühren. Die Maronen zugedeckt bei schwacher Hitze etwa 15 Minuten garen.

9. Von den Maronen nach 15 Minuten den Deckel abnehmen. Die Maronen noch etwa 5 Minuten weiter garen, bis sie glänzen.

10. Die Speckscheiben und das Küchengarn vom Fasan entfernen. Den Fasan mit den Maronen auf einer Platte anrichten und warm stellen. Den Bratenfond durch ein Sieb in einen Topf passieren. Den restlichen Wein dazugeben und aufkochen. Die Sauce mit Salz und Pfeffer würzen. Getrennt zum Fasan reichen.

Im Herbst, zur Zeit der Maronenernte, sollten Sie den Fasan mit glasierten Eßkastanien genießen: ein Festtagsschmaus für verwöhnte Gaumen.

Martinsgans mit Rosenkohl

Zu diesem traditionellen Martini-Essen passen Kartoffelklöße oder Kartoffelküchle besonders gut.

Zutaten für 6–8 Personen:
1 Gans (etwa 3,5 kg), küchenfertig zubereitet
Salz
schwarzer Pfeffer, frisch gemahlen
3 Äpfel (beispielsweise Boskop)
2 Brötchen
1/2 Bund glatte Petersilie
1/4 l Bier
1 kg Rosenkohl
100 g roher magerer Schinken
2 Eßl. Butter
Muskatnuß, frisch gerieben
Küchengarn

Braucht etwas Zeit

Bei 8 Personen pro Portion etwa:
7000 kJ/1700 kcal
77 g Eiweiß · 140 g Fett
16 g Kohlenhydrate

- Zubereitungszeit: etwa 3 1/2 Stunden

1. Die Gans innen und außen abspülen, trockentupfen und mit Salz und Pfeffer würzen.

2. Die Äpfel schälen, vierteln und die Kerngehäuse entfernen. Die Apfelviertel in Scheiben schneiden. Die Brötchen in Würfel schneiden. Die Petersilie waschen und trockenschütteln. Die Blättchen abzupfen und fein hacken. Alles in einer Schüssel mischen. Den Backofen auf 250° vorheizen.

3. Die Apfelmischung in die Gans füllen. Die Öffnung mit Küchengarn zunähen oder zubinden. Die Gans mit einer Gabel mehrmals einstechen, damit das Fett beim Garen abfließen kann.

4. Den Boden eines Bräters mit Wasser bedecken. Den Bräter in den Backofen (unten; Gas: Stufe 5) schieben und das Wasser erhitzen. Die Gans mit der Brust nach unten hineinlegen und etwa 30 Minuten garen. Dann die Hitze auf 200° (Gas: Stufe 3) reduzieren und die Gans in etwa 2 1/2 Stunden knusprig braten. Dabei immer wieder mit dem Bratenfond beschöpfen und mit dem Bier bestreichen. Zwischendurch wenden.

5. In der Zwischenzeit den Rosenkohl waschen und putzen. Die unteren Enden kreuzweise einschneiden. Wenig Salzwasser in einem Topf erhitzen und den Rosenkohl darin bei schwacher Hitze zugedeckt in etwa 10 Minuten bißfest garen. Auf einem Sieb abtropfen lassen und in den Topf zurückgeben.

6. Den Schinken in kleine Würfel schneiden. Die Butter in einem Topf zerlassen und den Schinken darin kurz anbraten. Unter den Rosenkohl mischen. Das Gemüse mit Salz, Pfeffer und Muskatnuß würzen.

7. Die Gans herausnehmen und etwa 10 Minuten ruhen lassen. Den Bratenfond entfetten und durch ein Sieb in einen Topf gießen. Etwas Wasser dazugeben und alles aufkochen lassen. Die Sauce etwas einkochen lassen und eventuell nochmals mit Salz und Pfeffer würzen. Von der Gans das Küchengarn entfernen. Die Gans tranchieren und auf einer Platte anrichten.

Tip!

Den Bratenfond können Sie am besten mit einigen Scheiben Brot entfetten: das Brot auf die Fettschicht halten, so daß es sich vollsaugen kann.
Wenn Sie keinen Rosenkohl mögen, können Sie zu der Gans auch Rotkohl und glasierte Maronen reichen.

Eine Delikatesse mit Tradition, die verführerisch duftet: Die Martinsgans wird mit einer feinen Mischung aus Äpfeln, Brot und Petersilie gefüllt und im Backofen knusprig braun gebraten.

Rehrücken

Zutaten für 4–6 Personen:
Für die Marinade:
1 Stange Lauch
2 Möhren
1/4 Sellerieknolle
4–5 Wacholderbeeren
1 l Buttermilch
3 Lorbeerblätter
Für den Rehrücken:
1 Rehrücken von etwa 2 kg
schwarzer Pfeffer, frisch gemahlen
1 Stange Lauch · 2 Möhren
1/4 Sellerieknolle · 2 Schalotten
2 Eßl. Butterschmalz
1/4 l kräftiger trockener Rotwein
1/4 l Fleisch- oder Wildbrühe
50 g Sahne · 1 Teel. Speisestärke
2 Eßl. Sherry (Fino)

Raffiniert · Für Gäste

Bei 6 Personen pro Portion etwa:
1700 kJ/400 kcal
59 g Eiweiß · 14 g Fett
6 g Kohlenhydrate

- Zubereitungszeit: etwa 2 Stunden
- Marinierzeit: etwa 12 Stunden

1. Für die Marinade den Lauch längs aufschlitzen, putzen und gründlich abspülen. Die weißen und hellgrünen Teile in feine Ringe schneiden. Die Möhren und den Sellerie schälen und in kleine Würfel schneiden. Die Wacholderbeeren zerdrücken.

2. Den Rehrücken von Haut und Sehnen befreien. Unter fließendem kaltem Wasser abwaschen und trockentupfen. Mit Pfeffer würzen und mit den Wacholderbeeren einreiben. In eine Form mit Deckel legen. Das Gemüse und die Lorbeerblätter für die Marinade um den Rehrücken herum verteilen. Die Buttermilch angießen. Zugedeckt im Kühlschrank etwa 12 Stunden marinieren.

3. Für den Rehrücken den Lauch längs halbieren, gründlich abspülen und in Ringe schneiden. Die Möhren und den Sellerie waschen und grob würfeln. Die Schalotten schälen und vierteln. Den Backofen auf 200° vorheizen.

4. Den Rehrücken aus der Marinade nehmen und trockentupfen. Das Butterschmalz in einem Bräter mit Deckel erhitzen. Den Rehrücken darin rundum anbraten. Das Gemüse dazugeben und unter Rühren kurz mitbraten lassen. Den Rotwein und die Brühe angießen. Den Bräter in den Backofen (unten; Gas: Stufe 3) schieben und den Rehrücken zugedeckt etwa 1 Stunde garen.

5. Den Rehrücken herausnehmen, vom Knochen lösen und zugedeckt warm stellen. Die Sauce samt dem Gemüse mit dem Pürierstab fein pürieren. Die Sahne unterrühren. Die Speisestärke mit dem Sherry verrühren und dazugeben.

6. Den Rehrücken in 2–3 cm dicke Scheiben schneiden und auf einer Platte anrichten. Servieren Sie dazu am besten in Rotwein gedünstete und mit Preiselbeeren gefüllte Birnen.

Knöpfle

Zutaten für 4 Personen:
500 g Mehl · 4 Eier
Salz · 2–3 Eßl. Mineralwasser
Zum Schwenken: 2 Eßl. Butter
Zum Garnieren: 1–2 Eßl. Schnittlauchröllchen

Gelingt leicht

Pro Portion etwa:
2100 kJ/500 kcal
9 g Eiweiß · 2 g Fett
99 g Kohlenhydrate

- Zubereitungszeit: etwa 40 Minuten

1. Mehl, Eier, Salz und Mineralwasser in einer Schüssel so lange schlagen, bis der Teig Blasen wirft.

2. Reichlich Salzwasser zum Kochen bringen. Den Teig portionsweise in einen speziellen Knöpflehobel geben und ins siedende Wasser schaben.

3. Wenn die Knöpfle oben schwimmen, sind sie gar. Die Knöpfle mit einem Schaumlöffel herausheben, in ein Sieb geben, mit kaltem Wasser abbrausen. So verfahren, bis der ganze Teig verbraucht ist.

4. Die Butter in einer Pfanne zerlassen und die Knöpfle darin erwärmen. Auf einer vorgewärmten Platte anrichten und mit Schnittlauch bestreuen.

Im Bild vorne: Rehrücken
Im Bild hinten: Knöpfle

Tannenhonig-parfait mit Kirschen

Zutaten für 6 Personen:
3 Eigelb
1 Päckchen Vanillezucker
2 Eßl. Tannenhonig
1 Teel. Zimt
200 g Sahne
2 Eiweiß
300 g Sauerkirschen
1–2 Eßl. Zucker
1–2 Eßl. Kirschwasser
Zum Garnieren: Zitronenmelisse

Gelingt leicht

Pro Portion etwa:
750 kJ/180 kcal
1 1/2 g Eiweiß · 11 g Fett
18 g Kohlenhydrate

- Zubereitungszeit: etwa 30 Minuten
- Kühlzeit: 6 Stunden

1. Die Eigelbe mit dem Vanillezucker schaumig rühren, bis eine hellgelbe Masse entstanden ist. Den Honig und den Zimt dazugeben und kräftig unterrühren.

2. Die Sahne steif schlagen und unter die Eigelbmasse rühren. Die Eiweiße steif schlagen und unterheben. Die Masse in Portionsförmchen füllen und im Tiefkühlgerät in etwa 6 Stunden fest werden lassen.

3. Die Kirschen waschen und entsteinen. Mit dem Zucker in einen Topf geben und alles so lange erhitzen, bis der Zucker aufgelöst ist. Die heißen Kirschen mit dem Kirschwasser parfümieren.

4. Das Parfait aus dem Tiefkühlgerät nehmen. Die Förmchen kurz in heißes Wasser tauchen. Das Parfait auf Dessertteller stürzen, mit den heißen Kirschen und der Zitronenmelisse garnieren. Sofort servieren.

Chaudeau

Diese Weincreme erinnert entfernt an Zabaione. Sie wird warm in Schalen gereicht.

Zutaten für 4 Personen:
1/2 unbehandelte Zitrone
2 große Eier
1/4 l trockener Weißwein
1 Teel. Speisestärke
50 g Zucker
Salz
200 g Löffelbiskuits

Raffiniert · Für Gäste

Pro Portion etwa:
1300 kJ/310 kcal
5 g Eiweiß · 3 g Fett
57 g Kohlenhydrate

- Zubereitungszeit: etwa 20 Minuten

1. Die Zitrone heiß abwaschen. Von der Schale einen dünnen Streifen abschneiden. Den Saft auspressen. Die Eier trennen.

2. Den Zitronensaft und die -schale, den Wein und die Speisestärke in einen Topf geben und unter Rühren zum Kochen bringen.

3. Die Eigelbe mit dem Zucker schaumig rühren. Die Weinmischung von der Kochstelle nehmen, die Eigelbmasse unterrühren. Alles wieder bis kurz vor den Siedepunkt erhitzen. Dabei kräftig mit den Schneebesen des Handrührgerätes rühren. Von der Kochstelle nehmen, etwas abkühlen lassen.

4. Die Eiweiße mit 1 Prise Salz steif schlagen. Den Eischnee unter die Eigelbmasse ziehen. Die Weincreme in Dessertschalen verteilen und lauwarm servieren. Löffelbiskuits getrennt dazu reichen.

Im Bild vorne: Chaudeau
Im Bild hinten: Tannenhonigparfait mit Kirschen

Pfittele

Zu diesem fettgebackenen Gebäck passen Weincreme oder Kompott.

Zutaten für 40–50 Stück:
1/4 l Milch
50 g Butter
150 g Mehl
4 Eier
75 g Zucker
2 Teel. Zimtpulver
Zum Ausbacken: 750 g Fritierfett

Für Gäste

Bei 50 Stück pro Stück etwa:
170 kJ/40 kcal
1 g Eiweiß · 2 1/2 g Fett
4 g Kohlenhydrate

- Zubereitungszeit: etwa 1 Stunde

1. Die Milch mit der Butter in einen Topf geben und zum Kochen bringen. Dann von der Kochstelle nehmen.

2. Das Mehl dazugeben und alles verrühren. Den Topf wieder auf die Kochstelle schieben. Den Teig rühren, bis er sich vom Topfboden löst. Den Teig von der Kochstelle nehmen und abkühlen lassen.

3. Die Eier nach und nach unter den Teig rühren. Der Teig sollte glänzend sein.

4. Das Fett in der Friteuse oder in einem Topf mit hohem Rand erhitzen. Vom Teig mit einem Eßlöffel nicht zu große Klößchen abstechen. Die Klößchen im heißen Fett in etwa 5 Minuten goldbraun ausbacken. Vorsicht, Spritzgefahr!

5. Die Klößchen herausnehmen und auf Küchenpapier abtropfen lassen. Den Zucker mit dem Zimt mischen und die Pfittele darin wälzen. Noch warm servieren.

Scherben

Dieses Gebäck gibt es vor allem zur Fasnachtszeit. Es wird in schwimmendem Fett ausgebacken und warm zur Kartoffelsuppe oder auch zu einem Glas Wein gegessen.

Zutaten für etwa 50 Stück:
4 Eier
50 g Zucker
1 Päckchen Vanillezucker
Salz
4 Eßl. saure Sahne
500 g Mehl
Für die Arbeitsfläche: Mehl
Zum Ausbacken: 750 g Fritierfett
Zum Bestäuben: Puderzucker

Preiswert

Bei 50 Stück pro Stück etwa:
230 kJ/55 kcal
1 g Eiweiß · 2 g Fett
9 g Kohlenhydrate

- Zubereitungszeit: etwa 2 Stunden

1. Die Eier, den Zucker, den Vanillezucker und 1 Prise Salz mit den Schneebesen des Handrührgerätes so lange verrühren, bis sich der Zucker aufgelöst hat. Die Sahne dazugeben und unterrühren. Das Mehl nach und nach dazugeben und alles zu einem glatten Teig verkneten.

2. Den Teig auf einer bemehlten Arbeitsfläche durchkneten und zugedeckt etwa 1 Stunde im Kühlschrank ruhen lassen.

3. Den Teig herausnehmen und auf bemehlter Arbeitsfläche etwa messerrückendick ausrollen. In etwa 10 cm große Rauten schneiden.

4. Das Fett in der Friteuse oder in einem hohen Topf erhitzen. Die Scherben darin in etwa 3 Minuten goldbraun ausbacken. Vorsicht, Spritzgefahr!

5. Die Scherben herausheben, auf Küchenpapier abtropfen lassen, mit Puderzucker bestäuben und warm servieren.

Im Bild vorne: Scherben
Im Bild hinten: Pfittele

Äpfelküchle

Die in Schmalz gebackenen Küchle werden traditionell zur Kartoffelsuppe gegessen. Sie schmecken aber auch gut zum Nachmittagskaffee oder als Dessert mit Vanilleeis.

Zutaten für 4 Personen:
250 g Mehl · 3 Eier
Salz · 100 g Zucker
200 ml Milch · 1 1/2 Teel. Zimt
5 große Äpfel (beispielsweise Boskop)
Zum Ausbacken: 750 g Fritierfett

Preiswert

Pro Portion etwa:
2500 kJ/600 kcal
5 g Eiweiß · 20 g Fett
99 g Kohlenhydrate

- Zubereitungszeit: etwa 45 Minuten

1. Das Mehl in eine Schüssel sieben. Die Eier, 1 Prise Salz und die Hälfte des Zuckers dazugeben. Alles mit den Schneebesen des Handrührgerätes verrühren. Nach und nach die Milch unterrühren, bis ein dicker Pfannkuchenteig entstanden ist.

2. Den restlichen Zucker mit dem Zimt in einer kleinen Schüssel mischen. Die Äpfel schälen und mit einem Kernhausausstecher die Kerngehäuse entfernen. Die Äpfel in etwa 1 cm dicke Ringe schneiden.

3. Das Fett in einer Friteuse erhitzen. Die Apfelscheiben in den Pfannkuchenteig tauchen, etwas abtropfen lassen und im heißen Fett ausbacken, bis sie goldbraun sind. Vorsicht, Spritzgefahr!

4. Die Äpfelküchle auf einer Platte warm halten, bis alle Küchle gebacken sind. Die Äpfelküchle mit dem Zimt-Zucker bestreut servieren.

Zwetschgenwaihe

Unter Waihen versteht der Badener flache Obstkuchen, die auf dem Blech oder in einer Springform gebacken werden.

Zutaten Für eine Springform von 26 cm Ø:
Für den Teig:
300 g Mehl · Salz
125 g weiche Butter
Für den Belag:
1 kg Zwetschgen
2 Eßl. Semmelbrösel
75 g Zucker · 2 Teel. Zimt
Für die Streusel:
125 g Mehl
50 g Zucker
50 g Butter
1 Eßl. Vanillezucker
Für die Arbeitsfläche: Mehl
Für die Form: Butter

Braucht etwas Zeit

Bei 12 Stück pro Stück etwa:
970 kJ/230 kcal
2 1/2 g Eiweiß · 9 g Fett
35 g Kohlenhydrate

- Zubereitungszeit: etwa 1 Stunde 20 Minuten

1. Für den Teig das Mehl in eine Schüssel sieben, mit 1 Prise Salz mischen. Die Butter auf dem Rand verteilen. Etwa 100 ml lauwarmes Wasser dazugeben und alles zu einem weichen, geschmeidigen Teig verkneten. Den Teig zur Kugel formen und zugedeckt etwa 30 Minuten ruhen lassen.

2. Die Zwetschgen waschen und entsteinen. Die Springform einfetten.

3. Den Teig auf einer bemehlten Arbeitsfläche dünn ausrollen. Die Springform damit auslegen, einen Rand formen. Den Backofen auf 200° vorheizen.

4. Den Teigboden mit den Semmelbröseln bestreuen. Die Zwetschgen darauf kreisförmig anordnen. Den Zucker mit dem Zimt vermischen und die Zwetschgen damit bestreuen. Für die Streusel Mehl, Zucker, Butter und Vanillezucker verkneten und über die Zwetschgen streuen.

5. Den Kuchen im Backofen (Mitte; Gas: Stufe 3) etwa 30 Minuten backen.

Im Bild vorne: Äpfelküchle
Im Bild hinten: Zwetschgenwaihe

Kirschenplotzer mit Vanillesauce

Wenn Kinder mitessen, sollten Sie das Kirschwasser weglassen und den Wein durch Milch ersetzen.

Zutaten für 4–6 Personen:
Für den Kirschenplotzer:
4 Brötchen vom Vortag
1/4 l trockener Weißwein
1 kg Knorpelkirschen, ersatzweise
Kaiserkirschen
1 unbehandelte Zitrone
4 Eier
Salz
150 g weiche Butter
75 g Zucker
1 Teel. Zimtpulver
1 Eßl. Kirschwasser
100 g Mandelblättchen oder -stifte
Für die Vanillesauce:
2 Eier
50 g Zucker
1/2 l Milch
1 Vanilleschote
Salz
Für die Form: Butter

Gelingt leicht

Bei 6 Personen pro Portion etwa:
6600 kJ/1600 kcal
4 g Eiweiß · 150 g Fett
50 g Kohlenhydrate

- Zubereitungszeit: etwa 1 1/2 Stunden

1. Die Brötchen in kleine Würfel schneiden und in eine Schüssel geben. Den Weißwein erhitzen und über die Brotwürfel gießen.

2. Die Kirschen waschen und entsteinen. Die Zitrone heiß abwaschen und abtrocknen. Die Schale fein abreiben, den Saft auspressen. Eine Auflaufform mit Butter ausstreichen. Den Backofen auf 180° vorheizen.

3. Die Eier trennen. Die Eiweiße mit 1 Prise Salz steif schlagen. Die Butter und den Zucker mit den Schneebesen des Handrührgerätes schaumig rühren. Die Eigelbe nach und nach dazugeben und alles rühren, bis eine helle, schaumige Masse entstanden ist.

4. Das Zimtpulver, die Zitronenschale und den Zitronensaft sowie das Kirschwasser unterrühren. Die Mandelblättchen oder -stifte, die Kirschen und die Brötchenwürfel dazugeben, alles vorsichtig mischen.
Zum Schluß den Eischnee unterheben.

5. Die Masse in die Auflaufform füllen. Den Kirschenplotzer im Backofen (Mitte; Gas: Stufe 2) etwa 1 Stunde backen. Eventuell nach 30 Minuten mit einem Deckel oder Alufolie abdecken, damit die Kirschen nicht verbrennen. Den Auflauf herausnehmen, in Stücke schneiden und noch warm servieren.

6. Für die Vanillesauce die Eier trennen. Die Eigelbe mit dem Zucker in eine Schüssel geben und mit den Schneebesen des Handrührgerätes verrühren, bis der Zucker aufgelöst ist.

7. Die Milch in einen Topf geben. Die Vanilleschote längs aufschlitzen und das Mark herauskratzen. Vanilleschote und -mark in die Milch geben und alles aufkochen lassen. Von der Kochstelle nehmen und die Hitze reduzieren. Die Vanilleschote entfernen.

8. Die Eigelbmasse in die heiße Milch rühren. Zurück auf die Kochstelle stellen und unter Rühren dicklich einkochen, aber nicht mehr aufkochen lassen. Die Masse von der Kochstelle nehmen.

9. Die Eiweiße mit einer Prise Salz steif schlagen. Den Eischnee unter die Eigelbmasse ziehen. Die Sauce getrennt zu dem Kirschenplotzer reichen.

Bei jung und alt gleichermaßen beliebt: Der Kirschenplotzer ist ein saftiger Brot-Kirsch-Auflauf, der mit einer locker-leichten Vanillesauce serviert wird.

Bierewecke

Dieses fruchtige Brot wird auch Hutzelbrot oder Birnenbrot genannt, obwohl es außer den getrockneten Birnen (Hutzeln) noch viele andere gute Zutaten enthält.

Zutaten für 5 kleine Laibe:
750 g getrocknete Speckbirnen
250 g getrocknete Zwetschgen ohne Stein
250 g getrocknete Feigen
125 g Rosinen
1 1/2 kg Roggenmehl
1 Würfel Hefe (42 g)
2 Teel. Zucker
2 Teel. Zimtpulver
1 Teel. Nelken, gemahlen
1 Teel. Kardamom
100 ml Kirschwasser
100 g Honig
Salz
200 g Walnüsse
200 g Haselnüsse

Braucht etwas Zeit

Bei 5 Laiben pro Laib etwa:
8200 kJ/2000 kcal
45 g Eiweiß · 56 g Fett
330 g Kohlenhydrate

- Zubereitungszeit: etwa 1 Stunde 50 Minuten (davon 1 Stunde Backzeit)
- Marinierzeit: etwa 12 Stunden
- Ruhezeit: etwa 1 3/4 Stunden

1. Die Birnen, Zwetschgen und Feigen in grobe Würfel schneiden und in einen großen Topf geben. Die Rosinen dazugeben. 1 l Wasser angießen. Alles zum Kochen bringen und etwa 5 Minuten kochen lassen. Von der Kochstelle ziehen und erkalten lassen. Im Kühlschrank zugedeckt über Nacht einweichen.

2. Die eingeweichten Trockenfrüchte durch ein Sieb gießen, den Saft dabei auffangen. Den Saft erwärmen, dabei aber nicht kochen lassen.

3. Das Mehl in eine große Schüssel sieben. In die Mitte eine Vertiefung drücken. Die Hefe hineinbröckeln, den Zucker dazugeben. 4–5 Eßlöffel von der lauwarmen Einweichflüssigkeit dazugeben und mit etwas Mehl zu einem Vorteig rühren. Die Schüssel mit einem sauberen Tuch abdekken und den Vorteig an einem warmen Ort etwa 15 Minuten gehen lassen.

4. Etwa 400 ml von der lauwarmen Einweichflüssigkeit, den Zimt, die gemahlenen Nelken, das Kardamom, das Kirschwasser, den Honig und 1 Prise Salz zu dem Mehl in die Schüssel geben. Alles kräftig durchkneten, bis ein sehr fester Teig entstanden ist. Den Teig zur Kugel formen und zugedeckt etwa 1 Stunde an einem warmen Ort gehen lassen.

5. Die Trockenfrüchte und die Nüsse unter den Teig kneten. Sollte er kleben, noch etwas Mehl dazugeben. Aus dem Teig 5 Laibchen formen.

6. Ein Backblech mit Backpapier auslegen. Die Laibchen darauf legen und zugedeckt etwa 30 Minuten gehen lassen. Den Backofen auf 200° vorheizen.

7. Die Laibchen mit der Einweichbrühe bestreichen und im Backofen (Mitte; Gas: Stufe 2) etwa 1 Stunde backen. Kurz vor Ende der Backzeit die Laibchen nochmals mit etwas Einweichbrühe bestreichen. Die Laibchen herausnehmen und auskühlen lassen. In Folie gewickelt und kühl und trocken gelagert, halten sie sich etwa 4 Wochen.

Tip!

Sie können auch getrocknete und kleingeschnittene Aprikosen und, wenn Sie mögen, Zitronat und Orangeat unter den Teig mengen. Hübsch sieht es aus, wenn Sie die Brote mit halbierten Mandeln garnieren. Dafür die Mandeln vor dem Backen auf die Brotlaibe drücken.

Diese würzigen Früchtebrote werden in der Vorweihnachtszeit gebacken. Sie schmecken solo oder mit Butter und Honig bestrichen zu einer Tasse duftendem Tee oder heißem Milchkaffee.

Basler Schenkeli

Zutaten für etwa 40 Stück:
100 g Butter
4 Eier
100 g Zucker
Salz
400 g Mehl
1 Teel. Backpulver
Zum Wälzen:
50 g Zucker
2 Teel. Zimt
Zum Ausbacken: 750 g Fritierfett

Gelingt leicht

Bei 40 Stück pro Stück etwa:
360 kJ/86 kcal
1 g Eiweiß · 4 g Fett
12 g Kohlenhydrate

- Zubereitungszeit: etwa 40 Minuten

1. Die Butter in einen kleinen Topf geben und bei schwacher Hitze schmelzen. Danach abkühlen lassen.

2. Die Eier mit dem Zucker und 1 Prise Salz in eine Schüssel geben und mit den Schneebesen des Handrührgerätes schaumig rühren, bis der Zucker sich aufgelöst hat.

3. Die zerlassene Butter unterrühren. Nach und nach das Mehl und das Backpulver dazusieben und unterrühren.

4. Aus dem Teig dicke, zeppelinförmige Schenkeli formen. Das Fritierfett erhitzen und die Schenkeli darin in etwa 5 Minuten goldgelb ausbacken.

5. Die Schenkeli herausnehmen und auf Küchenpapier abtropfen lassen. Den Zucker mit dem Zimt mischen und die Schenkeli darin wälzen.

Linzertorte

Diese Torte entfaltet ihr volles Aroma erst nach einigen Tagen.

Zutaten für eine Springform von 28 cm Ø:
250 g Mehl
250 g gemahlene Mandeln (mit Schale)
150 g Zucker · 1 Teel. Zimtpulver
1/2 Teel. Nelken, gemahlen
Salz
250 g kalte Butter · 1 Ei
abgeriebene Schale von 1/2 unbehandelten Zitrone
4 Eßl. Kirschwasser
300 g Himbeermarmelade
Zum Einwickeln: Alufolie
Für die Form: Butter

Braucht etwas Zeit

Bei 12 Stück pro Stück etwa:
1700 kJ/400 kcal
6 g Eiweiß · 29 g Fett
31 g Kohlenhydrate

- Zubereitungszeit: etwa 1 1/2 Stunden (davon 30 Minuten Backzeit)
- Ruhezeit für den Teig: 1–2 Stunden

1. Das Mehl mit den Mandeln, dem Zucker, dem Zimtpulver, den gemahlenen Nelken und 1 Prise Salz in einer großen Schüssel mischen. Die Butter in Stückchen auf den Rand geben. Das Ei, die Zitronenschale und das Kirschwasser dazugeben und alles rasch zu einem glatten Teig verkneten.

2. Den Teig zur Kugel formen, in Alufolie wickeln und 1–2 Stunden kühl stellen.

3. Eine Springform mit Butter ausstreichen. Die Himbeermarmelade erwärmen und durch ein Sieb streichen. Den Backofen auf 200 ° vorheizen.

4. Den Teig aus dem Kühlschrank nehmen und auf einer bemehlten Arbeitsfläche nochmals durchkneten. Zwei Drittel des Teiges in Größe der Springform ausrollen. Den Teigboden in die Form legen und mit der Himbeermarmelade bestreichen.

5. Den restlichen Teig nochmals halbieren. Die eine Hälfte dünn ausrollen und mit einem Teigrädchen Streifen von etwa 2 cm Dicke ausradeln. Den Tortenboden damit rautenförmig belegen.

6. Die andere Teighälfte zu einer Rolle formen und den Tortenrand damit belegen. Den Rand mit einer Gabel einkerben.

7. Die Linzertorte im Backofen (Mitte; Gas: Stufe 3) etwa 30 Minuten backen.

Im Bild vorne: Baler Schenkeli
Im Bild hinten: Linzertorte

Schwarzwälder Kirschtorte

Zutaten für eine Springform von 28 cm Ø:
Für den Teig:
100 g Zartbitterschokolade
100 g weiche Butter
150 g Zucker
1 Päckchen Vanillezucker
5 Eier
100 g Mehl
50 g Speisestärke
50 g gemahlene Mandeln
1 gehäufter Teel. Backpulver
Für die Füllung:
3 Blatt weiße Gelatine
1 Glas Sauerkirschen (Abtropfgewicht 370 g)
1 Zimtstange
2 Nelken
800 g Sahne
1 Päckchen Vanillezucker
3–4 Eßl. Kirschwasser
Schokoladenraspel
Für die Form: Butter

Raffiniert · Für Gäste

Bei 12 Stück pro Stück etwa:
1900 kJ/450 kcal
4 g Eiweiß · 34 g Fett
34 g Kohlenhydrate

- Zubereitungszeit: etwa 2 Stunden (davon 1 Stunde Backzeit)
- Kühlzeit: 6 Stunden

1. Für den Teig die Schokolade in kleine Stücke brechen, in eine Schüssel geben und im warmen Wasserbad schmelzen. Herausnehmen und etwas abkühlen lassen.

2. Die Butter mit dem Zucker und dem Vanillezucker schaumig rühren. Die Eier trennen. Die Eigelbe dazugeben und die Masse rühren, bis sie hellgelb und schaumig ist. Die abgekühlte flüssige Schokolade unterrühren. Die Eiweiße steif schlagen und unterziehen.

3. Das Mehl mit der Speisestärke, den Mandeln und dem Backpulver mischen, auf die Eiermasse sieben und unterrühren. Den Backofen auf 180° vorheizen.

4. Eine Springform mit Butter ausstreichen. Den Teig einfüllen, glattstreichen und im Backofen (Mitte; Gas: Stufe 2) etwa 25 Minuten backen.

5. Den Biskuit herausnehmen, erkalten lassen und mit einem Bindfaden quer in drei Teile schneiden.

6. Die Gelatine in kaltem Wasser einweichen. Die Sauerkirschen durch ein Sieb gießen, den Saft dabei auffangen. 12 Kirschen für die Dekoration beiseite legen. Den Kirschsaft mit der Zimtstange und den Nelken aufkochen lassen, von der Kochstelle nehmen und die Zimtstange und die Nelken entfernen. Die Gelatine ausdrücken und in der heißen Flüssigkeit auflösen.

7. Die Sahne mit dem Vanillezucker sehr steif schlagen. Einen Tortenboden mit Kirschwasser beträufeln, mit dem Kirschgelee bestreichen und mit der Hälfte der Kirschen belegen. Etwas von der Sahne darüber verteilen und glattstreichen. Den zweiten Tortenboden darauf legen und ebenso verfahren. Der dritte Tortenboden bildet den Schluß.

8. Etwas Sahne in einen Spritzbeutel mit kleiner Sterntülle füllen. Die Torte rundum mit der restlichen Sahne bestreichen und mit Schokoladenraspeln bestreuen. Mit dem Spritzbeutel 12 Rosetten aufspritzen. Jede Rosette mit 1 Kirsche belegen. Die Torte im Kühlschrank etwa 6 Stunden durchziehen lassen.

Tip!

Sie können die Schokolade für den Teig auch in der Mikrowelle bei 300 Watt in 2–3 Minuten schmelzen. Wenn Sie die Sahne mit Sahnesteif schlagen, bekommt sie mehr Festigkeit, und Sie können die Torte dann noch 1–2 Tage im Kühlschrank aufbewahren.

Ein Traum aus luftigem Biskuit, süßer Sahne und saftigen Kirschen: Die Schwarzwälder Kirschtorte ist die Krönung jeder Kaffeetafel.

Zum Gebrauch

Damit Sie Rezepte mit bestimmten Zutaten noch schneller finden können, stehen in diesem Register zusätzlich auch beliebte Zutaten wie Schinken oder Sauerkraut – ebenfalls alphabetisch geordnet und halbfett gedruckt – über den entsprechenden Rezepten.

A

Äpfelküchle 52
Aufzogene Blättle 40

B

Basler Schenkeli 58
Besenwirtschaften 6
Bettseicherlesalat mit Speck 10
Bibeliskäs 12
Bierewecke 56
Blättle, aufgezogene 40
Brägele 36
Brennti Mehlsupp 16
Briesle in Weißwein 10

C

Chaudeau 48

D

Dinkel 5
Dinnete: Flammkuchen 12
Dinni: Flammkuchen 12
Dummis (Variante) 26

E

Eglifilets in Mandelbutter 24

F

Fasan mit glasierten Maronen 42
Fasnacht 6
Feldsalat: Sonnewirbelesalat mit Kracherle 8
Fisch
- Eglifilets in Mandelbutter 24
- Forelle blau 22
- Hechtklößchen in Weinsauce 22
- Zanderfilet mit Shrimps 24

Flädle 29
Flammkuchen 12
Fleisch
- Briesle in Weißwein 10
- Fleischküchle 38
- Gfüllti Kalbsbrust 32
- Hackfleisch: Fleischküchle 38
- Ochsenfleisch mit Meerrettichkartoffeln 30
- Saure Leberle 20
- Schäufele mit Kartoffelsalat 34
- Schlachtplatte mit Kraut 36

Fleischküchle 38
Forelle blau 22
Frühlingszwiebeln: Kartoffelsupp 14

G

Geflügel
- Fasan mit glasierten Maronen 42
- Martinsgans mit Rosenkohl 44

Gfüllti Kalbsbrust 32
Grünkernsupp mit Marklößle 16

H

Hechtklößchen in Weinsauce 22
Hockede 6
Hutzelbrot: Bierewecke 56

K

Kalbsbrust, Gfüllti 32
Kartoffeln
- Aufzogene Blättle 40
- Brägele 36
- Kartoffelküchle 40
- Kartoffelsupp 14
- Ochsenfleisch mit Meerrettichkartoffeln 30

Kasseler: Schäufele mit Kartoffelsalat (Tip) 34
Kirschen
- Kirschenplotzer mit Vanillesauce 54
- Schwarzwälder Kirschtorte 60
- Tannenhonigparfait mit Kirschen 48

Knöpfle 46
Kratzete 26
Krautspätzle 38
Kutteln: Saure Sulz 20

L

Leberle, saure 20
Linzertorte 58
Löwenzahnblätter: Bettseicherlesalat mit Speck 10

M

Markklößchen: Grünkernsupp mit Markklößle 16
Maronen: Fasan mit glasierten Maronen 42
Martinsgans mit Rosenkohl 44
Meerrettich: Ochsenfleisch mit Meerrettichkartoffeln 30

O

Ochsenfleisch mit Meerrettichkartoffeln 30

P

Pfannkuchen
- Dummis (Variante) 26
- Flädle 29

Pfittele 50

Q

Quark: Bibeliskäs 12

R

Rahnensalat 8
Rehrücken 46
Rosenkohl: Martinsgans mit Rosenkohl 44
Rote Beete: Rahnensalat 8

S
Salat
Bettseicherlesalat mit Speck 10
Rahnensalat 8
Schäufele mit Kartoffelsalat 34
Sonnenwirbelesalat mit Kracherle 8
Sauerkraut
Krautspätzle 38
Schäufle mit Kartoffelsalat (Variante) 34
Schlachtplatte mit Kraut 36
Saure Leberle 20
Saure Sulz 20
Schäufele mit Kartoffelsalat 34
Scherben 50
Schlachtplatte mit Kraut 36
Schwarzwälder Schinken
Bettseicherlesalat mit Speck 10
Flammkuchen 12
Sonnewirbelesalat mit Kracherle (Tip) 8
Spargel mit Schinken 26
Zwiebelkuchen 18
Shrimps: Zanderfilet mit Shrimps 24
Sonnewirbelesalat mit Kracherle 8
Spargel
Spargel mit Schinken 26
Spargelcremsuppe 14
Spätzle: Krautspätzle 38
Strübli 28
Sulz, saure 20
Suppen
Brennti Mehlsuppe 16
Kartoffelsupp 14
Spargelcremesupp 14
Grünkernsuppe mit Markklößle 16

T
Tannenhonigparfait mit Kirschen 48

V
Vanillesauce: Kirschenplotzer mit Vanillesauce 54

W
Wild: Rehrücken 46

Z
Zanderfilet mit Shrimps 24
Zwetschgen
Bierewecke 56
Zwetschgenwaihe 52
Zwiebelkuchen 18
Zwiebeln
Flammkuchen 12
Zwiebelkuchen 18
Zwetschgen: Zwetschgenwaihe 52

IMPRESSUM

Umschlag Vorderseite:
Die Rezepte für den Rehrücken und Knöpfle finden Sie auf Seite 46.

Redaktion: Ulla Thomsen
Layout: Ludwig Kaiser
Herstellung: Peter Pleischl
Fotos: Odette Teubner, Dorothee Gödert, Uli Franz/J. Dziemballa Bildagentur München (Seite 4, 5, 6)
Umschlaggestaltung: Heinz Kraxenberger
Satz: Computersatz Wirth, Regensburg
Reproduktion: Otterbach Repro, Rastatt
Druck: Appl, Wemding
Bindung: Sellier, Freising
ISBN 3-7742-1927-3

Auflage	5.	4.	3.	2.	1.
Jahr	1998	97	96	95	94

Claudia Daiber
verwirklichte nach dem Studium der Pädagogik, Romanistik und Germanistik ihren Wunschtraum: Sie wurde Lektorin in mehreren großen Verlagshäusern. Sie war programmverantwortliche Lektorin für Ratgeberbücher mit dem Schwerpunkt Kochen und Basteln. Heute arbeitet sie als Autorin und selbständige Lektorin für verschiedene Verlage in den Bereichen Essen und Trinken sowie Basteln.

Odette Teubner
wurde durch ihren Vater, den international bekannten Food-Fotografen Christian Teubner, ausgebildet. Heute arbeitet sie ausschließlich im Studio für Lebensmittelfotografie Teubner. In ihrer Freizeit ist sie begeisterte Kinderporträtistin – mit dem eigenen Sohn als Modell.

Dorothee Gödert
arbeitete nach ihrer Ausbildung zur Fotografin zunächst im Bereich Stillife- und Interieurfotografie. Nach einem Aufenthalt in Princeton/USA spezialisierte sie sich auf Food-Fotografie. Sie war bei namhaften Food-Fotografen tätig. Seit April 1988 fotografiert sie im Fotostudio Teubner.